111 Tipps für besseres Arbeitsklima

Gewidmet allen Chefs und denen, die es werden wollen.

Jeder hat das Recht auf den besten Chef der Welt!

Für Nina, Birgit und Tim – meiner Inspiration. Danke.

Sterling MacGregor

111 Tipps für besseres Arbeitsklima

Seien Sie inspirierend!

Ein Ratgeber für
Mitarbeiter, Chefs und Menschen.

aus einer Buchreihe des

Instituts für vergleichende Arbeits- und Motivationsforschung (IvAM) e.V. und

der Deutschen Arbeitsklima-Initiative,

www.betriebsklima.de

Sterling MacGregor, Gründer der Beratungsgruppe Sterling MacGregor, beschäftigt sich seit Jahrzehnten mit Arbeitsklima, mit dessen Messung durch Mitarbeiterbefragungen, Bewertungen, Benchmarking und natürlich auch der operativen Verbesserung durch verschiedene Methoden.

Kooperationen mit verschiedenen Lehrstühlen an nationalen und internationalen Hochschulen, eigene internationale Arbeitsklima-Studien und zahlreiche wissenschaftliche Veröffentlichungen zeigen eine tiefe Kenntnis der Materie. Es ist aber gerade wichtig, die Erkenntnisse aus der jahrelangen Arbeit einfach und übersichtlich in ein Ratgeberwerk einfließen zu lassen, damit ein möglichst breites Publikum anfangen kann zu handeln!

Bibliografische Information Der Deutschen Bibliothek:
Die Deutsche Bibliothek verzeichnet diese Publikation in der
Deutschen Nationalbibliografie; detaillierte bibliografische Daten
sind im Internet über http://dnb.ddb.de *abrufbar.*

Herstellung und Verlag: Books on Demand GmbH, Norderstedt
Printed in Germany
ISBN 978-3-837-00582-0

Inhalt

Der arbeitende Mensch

❖ Einführung: Die wertvollste Ressource... der Mensch

Der Weg zum Erfolg: Professionelle Mitarbeiterführung

Das unbestrittene Ziel eines jeden Unternehmens ist es, besser zu sein als die Konkurrenz, mehr Wertschöpfung zu verbuchen, mehr Erfolg – und dies nicht nur jetzt, sondern auch in Zukunft. Zur Erreichung dieses Ziels sollte Professionalität in der Unternehmensführung mit Professionalität in der Mitarbeiterführung einhergehen.

Doch während die Professionalität in der Unternehmensführung als conditio sine qua non (unerlässliche Bedingung) für das Überleben eines jeden Unternehmens angesehen wird, lässt die Professionalität in der Mitarbeiterführung vielerorts noch stark zu wünschen übrig. Noch immer scheint die Herstellung eines produktiven Arbeitsklimas ein Geheimtipp zum Erfolg zu sein. So wird ein gewiefter Unternehmer alle Register betriebswirtschaftlichen Könnens ziehen, um sein Unternehmen vor dem Bankrott zu bewahren. Es ist hingegen mehr als unwahrscheinlich, dass er in selbiger Situation sämtliche bekannten Strategien zur Erhöhung von Motivation, Kreativität und Eigenverantwortung seiner Mitarbeiter anwenden wird, obwohl dies in den meisten Fällen ebenso effektiv wäre. Da Mitarbeiter jedoch nicht als wertvolle Ressource, sondern als Kostenfaktor gelten, ist Personalabbau noch immer die Standardreaktion auf wirtschaftliche Schwierigkeiten. Der Grund dafür ist vor allem in der relativ problematischen Bewert- und Messbarkeit des so genannten „Humankapitals" zu suchen.

Den Shareholder-Value zu messen, ist vergleichsweise unkompliziert, da die Ziel- und Bewertungskriterien für die Managementleistung auf rein finanzwirtschaftliche Kennziffern verkürzt werden kann. In diesen Bilanzen wird der Wert des Humankapitals jedoch zu stark vernachlässigt. Im

Selbstverständnis des rationalen Managers – und zumeist auch in dessen Ausbildung – haben die überwiegend weichen Mitarbeiter-Faktoren in der Regel keinen Platz.

In der Tat sind gute Instrumente und Kennziffern, welche aus weichen Humankapital-Faktoren harte, bilanzierbare und controllingfähige Fakten machen, rar. Aber sie existieren - ebenso unbestreitbar wie der Employee-Value existiert.

„Meine wichtigste Erfahrung als Manager ist die Erkenntnis, dass die Mitarbeiter das wertvollste Gut eines Unternehmens sind und damit auch das wichtigste Erfolgskapital. Es sind nie Computer, Roboter, technische Einrichtungen, die zu einem Ziel führen, sondern immer Menschen, die Konzepte zustande bringen."

Werner Niefer (1928-93), dt. Topmanager, 1989-93 Vorstandsvorsitzender der Mercedes Benz AG

Dieses Buch hat es sich nicht nur zur Aufgabe gestellt, das allgemeine Bewusstsein für die Notwendigkeit einer Verbesserung des Arbeitsklimas zu schärfen, sondern auch überzeugende Handlungsimpulse zu liefern und Handlungsmöglichkeiten aufzuzeigen. Bevor dies jedoch geschehen kann, sollen hier zunächst die wichtigsten Begrifflichkeiten geklärt werden.

Definitionen

Obwohl Begriffe wie „Corporate Identity", „Betriebsklima" und „Unternehmenskultur" bereits in den allgemeinen Sprachgebrauch übergegangen sind, gibt es die vielfältigsten Vorstellungen darüber, was genau sie denn nun eigentlich beinhalten. Dies ist vor allem darauf zurückzuführen, dass zwischen den verschiedenen Bereichen viele Überschneidungen existieren.

Das Betriebsklima

In der arbeits- und organisationspsychologischen Fachliteratur wird
Betriebsklima meist mit der subjektiv wahrgenommenen, längerfristigen Qualität
des Zusammenwirkens der Beschäftigten eines Wirtschafts- oder
Verwaltungsbetriebes gleichgesetzt. In der Praxis wird das Betriebsklima eher
wie eine Art Wetterlage aufgefasst, die in den vielfältigsten Ausprägungen
erscheint und von „sonnig" (harmonisches Miteinander) bis „gewittrig" (offenes
Mobbing) reichen kann. Da das Betriebsklima großen Einfluss auf Motivation und
Arbeitsfreude der Mitarbeiter hat, die sich in den Jahresbilanzen durch höhere
oder niedrige Produktivität bemerkbar machen, liegt es im Interesse einer jeden
Unternehmers, in die Verbesserung des Betriebsklimas zu investieren.
Bedauerlicherweise geht diese Förderung meist jedoch nicht über den jährlichen
Betriebsausflug und die obligatorische Weihnachtsfeier hinaus.

Das Arbeitsklima

Der Begriff des Arbeitsklimas ist vergleichsweise enger umrissen: Arbeitsklima
bezeichnet die spezielle Situation am jeweiligen Arbeitsplatz und ist daher in
seiner Wirkung auf den einzelnen Mitarbeiter noch unmittelbarer. Durch diese
Unmittelbarkeit rückt die Gestaltung des Arbeitsklimas in den Einflussbereich des
Einzelnen und ist dadurch leichter veränderbar. Statt eines schwer
beeinflussbaren Klimas haben wir es hier vielmehr mit einer „Klimatisierung" zu
tun, ähnlich der situationsspezifisch regulierbaren Klimaanlage eines
Wohnhauses. Die Bedingungen des Arbeitsklimas gestalten alle.
Wichtige Einflussfaktoren auf das Arbeitsklima sind Arbeitszeit und Bezahlung.
Jedoch spielen auch Anerkennung und Sinnvermittlung durch die Führungskräfte
eine wesentliche Rolle, die nicht unterschätzt werden sollte Besonders gut ist
das Arbeitsklima nicht etwa, wenn keine Konflikte mehr existieren, sondern
wenn Konflikte nicht mehr zu Eskalation und Wertschöpfungsverlusten führen.

Wechselwirkungen und Beeinflussbarkeit von Unternehmenskultur, Betriebs- und Arbeitsklima

Die Unternehmenskultur (engl.: "Corporate Behaviour", auch "Organizational Culture") beeinflusst den Umgang, das Auftreten und Benehmen der Mitarbeiter und Führungskräfte untereinander sowie gegenüber Kunden, Lieferanten, Geschäftspartnern und neuen Mitarbeitern und wirkt stark auf das Arbeitsklima der Beteiligten. Diese richten bewusst oder unbewusst ihr Arbeits- und Sozialverhalten daran aus, passen sich an oder widersetzen sich. Unternehmenskultur, Betriebs- und Arbeitsklima wird zu Recht großer Einfluss auf den Erfolg eines Unternehmens zugeschrieben. Daher ist die theoretische Frage, ob und wie die Unternehmenskultur durch das Management beeinflusst werden kann, auch in der Praxis sehr interessant. Die existierende Anzahl verschiedenster Diagnosen und Rezepte lassen sich zu vier Ansätzen zusammenfassen:

Der Autonomie-Ansatz geht von der vollkommenen Autonomie der Kultur gegenüber Beeinflussungsmöglichkeiten aus. Demnach sind gezielte Veränderungen z.B. durch das Management gar nicht möglich. Das Betriebsklima ist demzufolge ein zufälliges Ergebnis der Interaktion der Mitarbeiter. Diese Annahme entbehrt jedoch jeglicher empirischer Haltbarkeit, sondern entspricht vielmehr der beliebten „eyes-wide-shut"-Politik desinteressierter Führungskräfte, die mit weichen Faktoren nichts anzufangen wissen.

Der Krisen-Ansatz sieht die Unternehmenskultur ebenfalls als unveränderlich an. Nur im Krisenfall wird ihr eine gewisse Veränderlichkeit zugestanden, da in einer Krisensituation die Werte und Normen einer Organisation durch deren Mitglieder in Frage gestellt werden. Denn die Organisation liefert nicht mehr die richtigen Antworten auf bestehende oder sich entwickelnde Probleme! Der Krisen-Ansatz prognostiziert eine Art innerbetriebliche "Revolution", in der überkommene Regeln durch neue ersetzt werden, die einen reibungslosen Betriebsalltag mit produktivem Arbeitsklima herstellen. Dieser Ansatz sollte ebenfalls mit größter Vorsicht genossen werden. Er impliziert eine nicht selten gefährliche „Laisser-faire-Haltung", da die Mitarbeiter „es schon unter sich ausmachen" werden. Übersehen wird hierbei, dass „innerbetriebliche Revolutionen" viel Arbeitszeit sowie Energie kosten – und damit auch Ihr Geld! Ferner führt eine solche Revolution keineswegs immer zu einer glücklichen Neuordnung. Die Gefahr einer vollständigen Eskalation sollte bei diesem Ansatz daher nicht unterschätzt werden!

Der Gärtner-Ansatz betrachtet die Kultur als etwas prinzipiell Beeinflussbares. Einem Gärtner gleich kann das Management versuchen, das Betriebsklima zu beeinflussen - allerdings werden unerwünschte Nebenfolgen der Einflussnahme nicht ausgeschlossen. Es wird von einer gewissen „Unbeherrschbarkeit der Natur" bzw. des Unternehmensklimas ausgegangen. Richtig ist sicherlich, dass es in den meisten Fällen mehr als nur eine Methode gibt, um auf eine Situation zu reagieren. Wir gehen jedoch davon aus, dass es für jede Situation ein „bestes Mittel" gibt, da Misserfolge in der Mitarbeiterführung meist auf Fehlinformationen oder nicht ausreichende Kenntnis des Sachverhaltes zurückgeführt werden können.

Der Macher-Ansatz entspricht nach unserer Auffassung am ehesten der Realität. Nach dieser Vorstellung ist die Kultur zwar festgelegt, jedoch ist das Betriebsklima immer mit den gewünschten Resultaten innerhalb dieses Rahmens veränderbar. Der Manager kann das Arbeitsklima seiner Mitarbeiter durch gezielte Interventionen ganz nach seinen Vorstellungen verbessern und somit seinem Unternehmen Wettbewerbsvorteile verschaffen.

Corporate Identity

Die Corporate Identitiy repräsentiert die Summe aller Charakteristika eines Unternehmens – es bezeichnet also die "Persönlichkeit" bzw. den "Charakter" eines Unternehmens. Das Unternehmen wird mit menschlichen Eigenschaften versehen. Es wird als einheitlicher Akteur wahrgenommen – und handelt danach. Wichtige konstitutive Faktoren der Corporate Identity sind Geschichte und Traditionen des Unternehmens, seine Organisationsstrukturen und sein Leitbild.

Visionen/Ziele und Selbstverständnis = Unternehmensphilosophie

Klassischer Weise setzt sich die Corporate Identity aus den drei Unterbereichen Corporate Design (CD), Corporate Communication (CC) und Corporate Behavior (CB) zusammen. Die komplementären Teile ergeben im Idealfall ein einheitliches Ganzes und vermitteln eine Strategie konsistenten Handelns, Kommunizierens und visuellen Auftretens.

Der Begriff Corporate Design bezeichnete zunächst nur die visuelle Identität eines Unternehmens, wie etwa das Firmenlogo. Heute werden zunehmend weitere sinnlich-affektiv wahrnehmbare Merkmale wie z. B. der akustische Auftritt miteinbezogen. Demzufolge könnte man Corporate Design kurz und knapp als den „sinnlich wahrnehmbaren Gesamtauftritt" eines Unternehmens bezeichnen. Umgangssprachlich wird fälschlicher Weise häufig von Corporate Identity gesprochen, wenn eigentlich nur das Corporate Design gemeint ist.

Unter Corporate Communication versteht man die gesamte Unternehmenskommunikation - sowohl nach innen als auch nach außen. Sie stellt das wahrscheinlich wichtigste Instrument der Einflussnahme auf die Mitarbeiter und das Arbeitsklima dar, da die Art der Unternehmenskommunikation Konflikte lösen oder verschärfen bzw. Sinn stiften oder nehmen kann.

Das Corporate Behaviour umfasst das Verhalten der Mitarbeiter untereinander, gegenüber Kunden sowie zu Lieferanten und Partnern und kann mit dem Begriff der Unternehmenskultur auf eine Ebene gesetzt werden.

Wie bereits eingangs erwähnt ist die geringe Trennschärfe der erläuterten Begriffe vor allem auf Überlappungen der entsprechenden Bereiche in der Praxis zurückzuführen. Für unsere Zwecke genügen die obigen Erläuterungen jedoch vollkommen. Dennoch ist dies ein sinn- und anspruchsvolles Betätigungsfeld für Managementforschung und Organisationspsychologie.

In unserer Buchreihe werden wir dazu immer wieder Denkanstöße aufnehmen und zur Diskussion stellen.

Die Entwicklung der Arbeitsklima-Debatte (Anfang des 20. Jahrhunderts bis heute)

Theoretisch ist man sich darüber schon seit langem einig: Die Mitarbeiter, auch als „Humankapital" bezeichnet, sind das wichtigste Kapital eines jeden Unternehmens. Sie sollten als wertvollste Ressource im Konkurrenzkampf und als Erfolgsfaktor Nr. 1 angesehen und auch als solcher behandelt werden. In der Praxis sieht es jedoch leider meist anders aus.

Vier Entwicklungsphasen der Betriebsführung und ihre Menschenbilder

1) Wissenschaftliche Betriebsführung (Taylorismus)

Der Taylorismus wird auch als Scientific Management (dt. wissenschaftliche Betriebsführung) bezeichnet und geht auf den US-Amerikaner Frederick Winslow Taylor (1856–1915) zurück. Taylor war überzeugt, Management, Arbeit und Unternehmen mit einer rein wissenschaftlichen Herangehensweise optimieren zu können. Unternehmerisches Ziel war es, den maximalen Wirkungsgrad menschlicher Arbeit auszunutzen, ohne jedoch die Arbeitskraft zu verschleißen. Dies war zum damaligen Zeitpunkt ein neuer, fast revolutionärer Gedanke.
Um dieses Ziel zu erreichen, wurden Abläufe und Werkzeuge optimiert, bis der „beste", das heißt effizienteste, „Verrichtungsweg" ausgeklügelt war. Dieser beruhte zumeist auf extremer Arbeitsteilung (Partialisierung) und war zu 100% vorgeschrieben (Fließbandarbeit im Akkord mit Leistungsprämien). Durch diese Routinen sollte der Mitarbeiter ein Höchstmaß an Sicherheit bekommen und ein Maximum an Leistung bringen.
Durch die Einführung des Scientific Management kam es zu einer starken Rationalisierung in den Betrieben. Der Begriff Arbeitsklima wurde als die Summe von Umweltfaktoren aufgefasst, die es zu optimieren galt. Die Arbeiter bekamen

eine normgerechte Umgebung mit standardisierter Beleuchtung, Werkzeugen und Betriebsabläufen. „Im Gegenzug wurde ihnen Selbstbestimmtheit und Eigenverantwortung mehr und mehr abgesprochen. Der Arbeiter war jetzt nur noch für die Arbeit an sich zuständig, nicht mehr für das Lösen von Problemen." (Wikipedia)

Das dem Taylorismus innewohnende Menschenbild ist das des L'HOMME MACHINE, der Maschinenmensch. Der Mensch wurde als technisches Gerät, als „Betriebsinventar" aufgefasst, das es optimal zu nutzen und zu warten galt.

Die deutsche Variante des Scientific Managements war übrigens die so genannte Psychotechnik. Sie ist zeitlich zwischen dem Erstem und Zweitem Weltkrieg einzuordnen und wird in Subjekt- und Objektpsychotechnik unterschieden:

Die dominante Form war die Subjektpsychotechnik, welche die Anpassung des Arbeitenden durch Auswahl und Ausbildung an Anforderungen der Tätigkeit untersuchte und die ersten Assessment-Center der Geschichte entwickelte.

Die weitaus weniger ausgeprägte Form war die Objektpsychotechnik, unter der man die möglichst menschengerechte Strukturierung und Gestaltung der Arbeitsbedingungen verstand.

Heute haftet der Psychotechnik ein eher anrüchiges Image an, da sie vor allem in der deutschen Heerespsychologie während des Zweiten Weltkrieges zur Anwendung kam.

Bis in die 1930er Jahre hinein erlebte der Taylorismus eine Hochzeit. Danach ebbte die Begeisterung für diese Art der Betriebsführung durch die neuen wissenschaftlichen Erkenntnisse der Hawthorne-Studien (1927-1929) merklich ab.

2) Die Human-Relations-Bewegung

Als der namhafte Wissenschaftler Elton Mayo in den tayloristisch geführten Hawthorne-Elektrizitätswerken in den späten 1920er Jahren eine Studie zur Auswirkung der Lichtverhältnisse auf die Arbeitsleistung der Mitarbeiter untersuchte, stellte er fest, dass soziale Situationsbedingungen einen beachtlichen Einfluss auf die Leistung der Mitarbeiter hatten. Daraufhin wurde den sozialen Beziehungen der Mitarbeiter, den „human relations" in den Arbeitsgruppen mehr Bedeutung beigemessen und ein Gegenbild zum Taylorismus entworfen.

Der Arbeitnehmer bringt Höchstleistungen, wenn er sich an seinem Arbeitsplatz wohl fühlt – und Wohlfühlfaktor Nummer eins sind die sozialen Bindungen unter Kollegen.

Klar erkennbar ist hier das Menschenbild des SOCIAL MAN, der Mensch als soziales Wesen. Auch dies war zu damaliger Zeit eine bahnbrechende Erkenntnis. Allerdings suggeriert der Human-Relations-Ansatz, dass den Mitarbeitern weniger an einer Lohnsteigerung, als an einer sozio-emotionalen Umgestaltung der Arbeitsbedingungen gelegen sei. Eine erneute Überprüfung der Daten ergab jedoch, dass der Einfluss von Lohnanreizen auf die Arbeitsleistung größer als der Einfluss von sozialpsychologischen Faktoren ist, als dies die Forscher damals einschätzten.

Das wichtigste Ergebnis der Human-Relations-Bewegung war jedoch der von ihr gegebene Startschuss zur Diskussion um den im Taylorismus vorherrschenden direktiven Führungsstil, der bereits damals als wenig sinnvoll und sogar betriebsschädigend kritisiert wurde.

3) Arbeit als Selbstverwirklichung

Das Menschenbild der 1960er und 1970er Jahre ist das des SELF-ACTUALIZING MAN, der Autonomie braucht, um sich selbst zu verwirklichen. Die Erbringung von Höchstleistungen versprach man sich durch das Zulassen einer maximalen Freiheit und Eigenverantwortung des Mitarbeiters an seinem Arbeitsplatz.

Auch der Arbeitsinhalt rückte verstärkt in den Mittelpunkt des Interesses. Es wurde angenommen, dass Menschen in ihrer Arbeit Selbstverwirklichung suchen und dies der Hauptgrund für Arbeitsmotivation sei.

Zeitgleich gab es eine Bewegung der „industriellen Demokratie". Partizipations-möglichkeiten und Arbeitsgestaltungskonzepte (wie z.B. teilautonome Arbeitsgruppen) wurden entwickelt. In den 1970er Jahren wurden im Aktionsprogramm „Humanisierung des Arbeitslebens" Mindestanforderungen, Richtwerte und Schutzdaten entworfen.

„Meine wertvollste Leistung für IBM war meine Fähigkeit, gute und intelligente Mitarbeiter auszuwählen, sie zusammenzuhalten durch Überzeugung, durch Höflichkeit, durch finanziellen Ansporn, durch Reden, durch Plaudern mit ihren Frauen, durch kleine Aufmerksamkeiten und indem ich alles einsetzte, was mir zur Verfügung stand, damit dieses Team mich für einen anständigen Menschen hielt." (Thomas J. Watson jun. (*1914), amerik. Topmanager, Ex-Konzernchef IBM)

4) Was haben wir daraus gelernt? – Arbeitsklima heute

Auch wenn es noch immer vieles zu bemängeln gibt und wir sicher weit entfernt sind von einem akzeptablen Kompromiss zwischen Führungs- und Mitarbeiterinteressen: Es wurde – zumindest in der Theorie – verstanden, dass es niemals nur auf einen einzelnen Faktor wie „Klarheit der Aufgabe", „soziale Beziehungen am Arbeitsplatz" oder „Eigenverantwortung des Mitarbeiters" ankommt.

Der Arbeitnehmer verfolgt eine Vielzahl individueller und situationsspezifischer Ziele, die sich zu einem komplizierten, aber sinnvollen Ganzen zusammensetzen. Hier sollten alle positiven Erkenntnisse der vorangehenden Phasen übernommen und implementiert werden, um die Mitarbeiterführung an unser heutiges Menschenbild, das des COMPLEX MAN, anzupassen.

Davon ausgehend sollten neben den jeweiligen Aufgaben die Bedürfnisse der einzelnen Mitarbeiter Beachtung finden (z.B. Wohlbefinden, Akzeptanz, Identität). Ferner ist eine Individualisierung der Arbeitsgestaltung zur Leistungssteigerung sinnvoll.

Darüber hinaus müssen sich Führungskräfte auch ihrer sozialen Moderatorfunktion bewusst werden und dieser eine erhöhte Priorität einräumen, statt lediglich Planungs-, Organisations- und Kontrollfunktionen auszuüben.

Starre hierarchische Strukturen, autoritäres, bisweilen gar absolutistisches Führungsverhalten und schlecht kommunizierte Top-Down-Entscheidungen lassen ein Klima des Misstrauens entstehen, das bei mangelnder Gegensteuerung leicht die ganze Unternehmenskultur infizieren kann. Ein schlechtes Klima wird früher oder später in schlechten Bilanzen sichtbar.

Positiv formuliert: Ein gutes Arbeitsklima steigert die Leistung und Qualität der Arbeit und die MitarbeiterInnen sind weniger krank.

Zudem sinkt die Unfallrate. Es lohnt sich, dafür zu sorgen, dass das Arbeitklima gut ist. Um Ihnen dies zu erleichtern, haben wir in diesem Buch 111 Tipps zusammengestellt, mit denen **jeder** – ob Führungskraft oder Mitarbeiter - das Arbeitsklima in seinem Betrieb, Unternehmen oder Einrichtung verbessern kann. Übrigens können diese Tipps auch außerhalb des Berufes angewandt werden, nämlich in privaten Beziehungen.

Denken Sie daran, dass die größte Motivation aus der Freude am Tun entsteht.

Bei manchen Tipps werden Sie sicherlich sagen „aber der ist ja nur für mich, nicht fürs Arbeitsklima!" Nun, jeder ist mitverantwortlich für ein gutes Arbeitsklima und kann Wesentliches dazu beitragen durch seine Persönlichkeit und sein Handeln.

❖ 111 Tipps für ein besseres Arbeitsklima

❖ Kapitel 1: Motivation

Teil 1: Wie Sie sich selbst motivieren!

1) Wer andere motivieren will, muss bei sich selbst beginnen.

Es kostet nämlich viel Kraft und Zeit, andere zu motivieren. Das heißt, dass Sie selbst mehr als alle anderen den Drang verspüren müssen, das gemeinsame Ziel zu erreichen. Wichtig ist Ihre Einstellung den anderen gegenüber. Sie sollten den Menschen nicht misstrauisch begegnen. Lassen Sie Ihnen Freiräume, damit Aufgaben erfüllt werden können.

Überprüfen Sie permanent Ihre eigenen Einstellungen. Und trauen Sie sich, Ihre Mitarbeiter um Feedback zu bitten.

2) Motivieren Sie sich!

Sie haben sich eine Aufgabe vorgenommen und wollen sich dafür motivieren? Dann formulieren Sie das Ziel als konkretes Ergebnis. Stellen Sie sich vor, Sie stehen am vereinbarten Endtermin und beschreiben, wie das Ergebnis Ihres Projekts aussieht. Sie formulieren also nicht „Bis x will ich y erreicht haben.", sondern „Am 30. September laufe ich 30 km in weniger als 3,4 Stunden." Probieren Sie es mit Ihrem Projekt aus. Sie werden feststellen, wie viel mehr Kraft in der zweiten Formulierung steckt. Nicht irgendwann in der Zukunft werden oder wollen (was noch schwächer ist) wir etwas erreicht haben. Sondern: „Es ist der 30. September, und ich habe ... erreicht."

3) Lernen Sie Ihre eigenen Motivationen kennen!

Wissen Sie eigentlich, was Sie motiviert? Ist es die Anerkennung durch andere? Das zutiefst befriedigende Gefühl, eine schwierige Herausforderung gemeistert zu haben? Eine Gehaltserhöhung? **Wer weiß, was ihn besonders motiviert, kann seine Aufgaben entsprechend gestalten.** Wenn Sie zum Beispiel besonders gern im Team arbeiten, dann übernehmen Sie verstärkt Projekte, bei denen es auf Teamwork ankommt oder Sie versuchen, die Aufgaben nicht als Alleinkämpfer, sondern zusammen mit anderen zu erledigen.

4) So gewinnen Sie Freude an Ihrem Tun!

Sich selbst zu motivieren fällt leichter, wenn Sie sich vorstellen, wie Sie die Aufgabe mit Freude und viel Schwung erledigen.

Malen Sie sich das so genau und so positiv wie möglich aus. Danach stellen Sie sich vor, wie erleichtert und stolz Sie sich fühlen, wenn Sie die Aufgabe bewältigt haben. Wenn wir eine Aufgabe abgeschlossen haben, gibt uns das in der Regel ein gutes Gefühl – gleichsam als Belohnung. Es spricht aber doch nichts dagegen, **dieses gute Gefühl und die Energie, die es verleiht, bereits vorher zum Erreichen des Ziels zu nutzen.**

Versuchen Sie, sich möglichst detailliert auszumalen, wie Sie sich fühlen werden, wenn die Arbeit fertig ist. Was werden Sie sich selbst sagen? Was werden andere sagen? Eine solche Visualisierung kann eine so starke Sogkraft entwickeln, dass sich die Arbeit fast von selbst erledigt.

5) Geben Sie sich selbst Anerkennung!

Eine starke Motivation ist die Anerkennung durch andere. Nun können wir natürlich nicht erwarten, dass wir für alles, was wir gut machen, auch von unseren Vorgesetzten oder Kollegen gelobt werden.

Wir müssen uns die Anerkennung also selbst geben. Versuchen Sie es doch einmal: Loben Sie sich selbst, ja, feiern Sie, wenn Sie eine Aufgabe bewältigt haben. Genießen Sie das Gefühl, eine komplizierte oder auch eine unangenehme Aufgabe erledigt zu haben. Umso mehr Lust werden Sie beim nächsten Mal haben, eine neue Aufgabe anzupacken.

6) Genießen Sie Ihren Erfolg!

Genießen Sie die Dinge, die Sie erreicht haben. Lassen Sie erst einmal alles, was Sie noch erreichen wollen, außen vor. Denn sonst setzen Sie sich nur unnötig unter Druck und können das Erreichte nicht wirklich genießen. Hier ein paar Anregungen dazu, wie Sie Ihre Erfolge gebührend würdigen:

* Führen Sie Buch über Ihre Erfolge. Schreiben Sie am besten täglich mindestens eine Sache auf, die Sie am jeweiligen Tag erreicht oder gelernt haben.

* Schwelgen Sie so richtig in Ihren Erfolgen. Lassen Sie dazu Ihrem Lachen freien Lauf, springen Sie abends im Wohnzimmer umher, gehen Sie eine Runde Joggen.

* Belohnen Sie sich mit etwas, das Ihnen Freude macht. Jedes Mal, wenn Sie diesen Gegenstand sehen, werden Sie wieder an Ihren Erfolg erinnert. Das spornt Sie an für die Zukunft.

Teil 2: Wie Sie andere motivieren!

7) So motivieren Sie Ihre Kollegen!

Andere im Beruf als Mitarbeiter oder Team-Mitglied zu motivieren bedeutet zweierlei: sie für ein Projekt zu gewinnen, so dass sie mit Begeisterung und Engagement mitarbeiten UND Störungen zu unterbinden, die andere daran hindern, ihr Bestes zu geben - und sie demotivieren. *Ein motivierter Mitarbeiter oder Kollege ist bereit, sich aus eigenem Antrieb an einem Projekt zu beteiligen – weil er von Sinn und Zweck des Projekts überzeugt ist und an einem positiven Ergebnis interessiert ist.* Jemanden durch Angst und Druck dazu zu bringen, das zu tun, was man von ihm will, ist keine Motivation, sondern Erpressung oder Manipulation!

8) Atmosphären schaffen

Wenn Sie für ein Projekt verantwortlich sind, ist es eine Ihrer Hauptaufgaben, dafür zu sorgen, dass die Rahmenbedingungen stimmen und alle ihren Job tun können. *Dazu gehört, dass Sie störende Faktoren soweit wie möglich aus dem Weg räumen. Verzichten Sie der Arbeitsmotivation zuliebe auf unnötige Bürokratie!* Ermöglichen Sie Ihren Mitarbeitern, ohne Hinderungen oder Verzögerungen an den notwendigen Bedarf (z. B. Büromaterial) zu kommen. Sorgen Sie dafür, dass Genehmigungsverfahren den Arbeitsfluss nicht unnötig behindern. Selbstverständlich gehören auch ergonomische und gut ausgestattete Arbeitsplätze zu einem optimalen Arbeitsumfeld. *Auch Humor und Spaß dürfen nicht zu kurz kommen: Mitarbeiter, die lachen, fühlen sich wohl.* Wer über sich selbst lachen kann, geht mit Problemen leichter um und findet nach einem Fehlschlag schneller die Energie, die er zum Weitermachen braucht. Wenn einmal etwas schief geht, lachen oder weinen Sie gemeinsam darüber und packen Sie dann auch gemeinsam wieder an.

Geben Sie Ihren Mitarbeitern das Gefühl „Ich werde gebraucht." Sorgen
Sie dafür, dass jedem einzelnen der Sinn und Zweck seiner Tätigkeit und der
seiner Kollegen klar ist. Das ist Teil einer Unternehmenskultur.

Vertrauen Sie Ihren Leuten - kontrollieren Sie nicht. Nutzen Sie lieber
Gespräche über Projektstände, um sich zu informieren.

9) Sprechen Sie die Sinne Ihrer Mitarbeiter an!

Ein gutes Arbeitsklima besteht aber aus noch mehr: ***Mitarbeiter, die sich***
wohl fühlen, leisten mehr – und zwar aus freiem Willen und Freude an
dem, was sie tun. Wohlbefinden können Sie durch zahlreiche Faktoren
schaffen: ergonomische Möbel, eine freundliche Farb- und
Einrichtungsgestaltung, Pflanzen, frische Luft, Treffpunkte für Kommunikation,
kleine Angebote, wie z.B. kostenlose Getränke oder einmal in der Woche
Brötchen für alle – seien Sie kreativ! ***Versuchen Sie, die Sinne Ihrer***
Mitarbeiter anzusprechen – und denken Sie dabei nicht nur an die
Kosten! Die Vorteile, die Sie durch zufriedene und damit motivierte Mitarbeiter
und Mitarbeiterinnen erlangen, sollten Sie immer mit einrechnen.

10) Gehen Sie auf individuelle Wünsche ein!

Viele Menschen werden durch störende Kleinigkeiten demotiviert. Wer z.B. einen
Brief verschicken will, sollte nicht erst durch die ganze Firma rennen müssen, um
einen passenden Briefumschlag zu finden. Umständliche Kontroll- und
Genehmigungsverfahren können ebenfalls den natürlichen Arbeitsfluss
behindern und kosten unnötig Zeit. ***Sorgen Sie dafür, dass sich jeder***
Mitarbeiter wohl fühlt! Gestalten Sie alle Arbeitsplätze so, dass die
Mitarbeiter dort gut, bequem und effektiv arbeiten können.
Dafür müssen z.B. Ergonomie, Lichtverhältnisse und auch individuelle
Bedürfnisse wie Rückenleiden und Gewohnheiten beachtet werden. ***Fragen Sie***

nach, wie Sie die Arbeitsumgebung für jeden Einzelnen verbessern können!

11) Seien Sie Sinnstifter!

Geben Sie den Menschen Werte, mit denen sie sich identifizieren können! Menschen, die das Gefühl haben, dass ihre Tätigkeit sinnvoll ist und dass sie gebraucht werden, arbeiten in der Regel sehr viel motivierter als Personen, die sich nur als Sklave des Betriebs fühlen. ***Machen Sie Ihren Mitarbeitern daher immer wieder klar, was sie für die Firma oder das Projekt leisten und wie gut es ist, dass sie da sind.*** Sorgen Sie dafür, dass der Sinn und die Bedeutung jedes einzelnen Arbeitsplatzes für alle Beteiligten transparent sind.

12) Geben Sie Ihren Mitarbeitern Verantwortung!

Eigenverantwortung bringt Erfolg. ***Wer eigenverantwortlich handelt, ist oft viel stärker motiviert, gute Leistungen zu vollbringen, als derjenige, der immer nur auf Anweisungen reagieren muss.*** Lassen Sie deshalb Ihren Mitarbeiterinnen und Teammitgliedern Spielräume – gestehen Sie Ihnen Kompetenzbereiche zu, in denen sie ganz allein entscheiden können. Kontrollieren Sie nicht die Arbeit des einzelnen, aber erwarten Sie Rechenschaft für das Tun und für getroffene Entscheidungen. ***Ermöglichen Sie, dass die Beteiligten unternehmerisch denken und handeln können.*** Dazu wiederum müssen Sie für Transparenz sorgen. Zahlen, Daten und Fakten über das Unternehmen, Projekt oder Vorhaben müssen allen leicht und ständig zugänglich sein. Nur so können die einzelnen ihre Entscheidungen in einem größeren Kontext treffen und die Wirkung einschätzen lernen. Und Sie selbst müssen bereit sein, Entscheidungskompetenz abzugeben.

13) Ermutigen Sie Ihre Mitarbeiter, ihr Bestes zu geben!

Bremsen Sie Ihre Kollegen nicht dadurch, dass Sie ihnen weniger zutrauen. Wer den dauerhaften Eindruck bekommt, dass sein Chef ihm nichts zutraut, wird nach einer anfänglichen Trotzhaltung in Resignation verfallen. Er wird die ihm zugeteilten Aufgaben nur ungern und ohne große Motivation erfüllen. Dementsprechend fällt das Ergebnis schlechter aus, als es müsste, was wiederum zur Bestätigung des Bildes führt, dass dieser Mitarbeiter keine besonderen Fähigkeiten mitbringt. *Geben Sie daher Ihren Mitarbeitern eine Chance zu beweisen, was sie können!* Gestehen Sie ihnen eigene Arbeitsbereiche zu, für die sie die Verantwortung übernehmen und bestätigen Sie ihnen immer wieder, wie wichtig ihre Arbeit ist!

Sie können auch an den Ehrgeiz Ihrer Mitarbeiter appellieren. Gesunder Wettbewerb schafft ebenso Motivation und am Ende Anerkennung.

Daher: *Belohnen Sie Mitarbeiter, die sich mit ungewöhnlichen Ideen oder Aktionen hervortun!* Nutzen Sie die Energie Ihres Mitarbeiters und leiten Sie ihn in die Richtung, die Sie für den Erfolg brauchen.

14) Tell me and I forget, show me and I remember, involve me and I understand.

Um Ihre Mitarbeiter von einem Projekt zu begeistern, reicht es nicht, wenn Sie einen Vortrag über die Vorzüge halten, den Sie mit ein paar Präsentationsfolien aufpeppen. *Wenn Sie wollen, dass Ihre Mitarbeiter voller Elan und Freude an das Projekt gehen, sorgen Sie dafür, dass sie es verstehen.*

Das erreichen Sie auf eine ganz einfache Art und Weise: Involvieren Sie Ihre Mitarbeiter in das Projekt – und zwar von Anfang an! Sehen Sie die vielen verschiedenen Sichtweisen Ihrer Mitarbeiter als einen kleinen Schatz an, von dem das Projekt profitieren wird. Sammeln Sie zusammen mit Ihren Mitarbeitern Ideen und Vorschläge, ohne sie gleich zu bewerten. Übergeben Sie den Projektbeteiligten eigene Bereiche, für die sie Verantwortung übernehmen.

Ihr Vertrauen wird belohnt! *Menschen, die von ihren Vorgesetzten ernst genommen werden, erstaunen häufig mit außergewöhnlichen Ideen und kreativen Vorschlägen, die nie gemacht worden wären, wenn sie sich nur als Dienstleistende für ein Projekt begreifen!*

15) Loben Sie Ihre Mitarbeiter aufrichtig!

Bei übertriebenem Lob oder sogar strategisch eingesetztem Loben spricht man vom so genannten „Lobbing". Den Begriff "Lobbing" haben Psychologen, angelehnt an Mobbing, entwickelt: Ziel des Lobbings ist das „Wegloben" von unliebsamen Mitarbeitern.

Ihr Lob sollte wirklich aus dem Herzen kommen. Verzichten Sie darauf, dahinter Kritik zu verstecken. Loben Sie ohne Hintergedanken und hängen Sie nicht hinter das Lob ein „aber" oder eine Erwartung an.

16) Motivation durch Belohnung

Einer der gängigsten Wege, andere zu motivieren, ist durch Belohnung. Das funktioniert auch bei Ihnen selbst! *Versprechen Sie sich eine Belohnung, die es gibt, sobald Sie die Aufgabe abgeschlossen haben.* Das kann ein Kinobesuch, eine CD, ein Eis oder auch ein Spaziergang sein. Wichtig ist nur, dass es etwas ist, was Sie gerne wollen. *Treffen Sie eine Vereinbarung mit sich selbst*, am besten sogar schriftlich – etwa: „Sobald ich mit Projekt xyz fertig bin, belohne ich mich mit der neuen CD von ..."

Halten Sie diese Vereinbarung ein: Kaufen Sie sich die CD dann auch wirklich. Allerdings erst, sobald die Aufgabe abgeschlossen ist, nicht schon vorher.

17) Seien Sie großzügig in Ihren Belohnungen!

Belohnungs- und Anreizsysteme können eine große Motivationskraft haben, wenn Sie dabei folgende Punkte beachten: Was ein wirklicher Anreiz ist, ist für jeden Menschen verschieden. Nicht immer ist Geld ein geeignetes Anreizsystem. Der eine sehnt sich vielleicht viel mehr nach Ihrem persönlichen Lob, eine Kollegin freut sich über kleine Geschenke, wieder ein anderer möchte so gerne einmal in der Firmenzeitschrift lobend erwähnt werden und noch ein anderer würde sich über ein paar freie Stunden freuen. *Nicht immer kosten Belohnungen viel Geld. Es sind manchmal nur die kleinen Gesten, die als eine Belohnung empfunden werden.*

18) Seien Sie sensibel in Ihren Belohnungen!

Führen Sie Einzelgespräche mit Ihren Mitarbeitern! Versuchen Sie herauszufinden, wofür es sich für diese Menschen lohnen würde, mehr zu tun. Entwickeln Sie gemeinsam Maßnahmenpläne, in denen neben der Aufgabe mit fester Deadline auch die entsprechende Belohnung festgelegt ist. Das kann sehr motivierend wirken. Gehen Sie aber bitte nicht davon aus, dass Sie so alle Menschen motivieren können. Manche Menschen sehen so etwas vielleicht als Bestechung oder fühlen sich wie ein kleines Kind behandelt. Gehen Sie sensibel vor.

19) Motivation durch Deadlines

Ein starker Motivationsfaktor kann eine Deadline sein, also ein Termin, zu dem eine Aufgabe zwingend erledigt sein muss. Manche Menschen können sich dann, wenn ein Termin immer näher rückt, plötzlich ohne Schwierigkeiten an die Arbeit machen. Wenn Sie zu diesen Menschen gehören, dann nutzen Sie dieses Phänomen: *Tragen Sie den Termin in Ihren Terminplaner ein.* Schreiben Sie sich den Termin auf ein Post-It und kleben Sie es an Ihren Monitor oder an die Pinnwand. Falls es sich um ein größeres Projekt handelt, teilen Sie es in kleinere Aufgaben auf und setzen Sie sich für jede davon einen eigenen Termin. Das funktioniert natürlich nur, wenn Sie nicht jemand sind, der durch enge Deadlines gelähmt wird.

20) Ein gesunder Wettbewerb kurbelt das Geschäft an!

Ein zu starker Ehrgeiz ist schädlich für ein gutes Arbeitsklima und kann sich belastend oder sogar Kreativitätshemmend auswirken. Dagegen kann ein gesunder, sportlicher Ehrgeiz die Motivation des einzelnen positiv steigern. Es geht nicht darum, dass einer den anderen oder ein Team das andere ausbooten oder übertrumpfen soll. *Es geht darum, Lust daran zu bekommen, das Beste zu geben.* Versuchen Sie, ein Klima von gesundem Wettstreit zu entwickeln. Denken Sie daran, dass im Sport auch nur dann Höchstleistungen entstehen, wenn die Sportler sich mit anderen messen können. Sie könnten z.B. mit Ihrem Unternehmen oder einem Projekt an einem externen Wettbewerb teilnehmen. Haben Sie nicht allzu viel Angst davor, den Ehrgeiz jedes einzelnen anzufachen – wenn es für die "Schlechteren" keine Sanktionen oder Strafen gibt, sondern vielmehr nur die "Besseren" besonders geehrt werden, wird die Motivation nicht aus der Angst heraus entstehen, sondern viel mehr aus Lust.

Kreativität

❖ Kapitel 2: Kreativität

21) Richtig brainstormen

Gilt es, eine neue Idee zu entwickeln, wird in der Regel ein so genanntes Brainstorming angesetzt. Was sich dann abspielt, hat leider meistens nichts mit einem Brainstorming im ursprünglichen Sinn des Wortes zu tun.

Besonders bei Sitzungen im beruflichen Umfeld werden lediglich mehr oder weniger gute Vorschläge präsentiert. Die des Vorgesetzten werden beklatscht, schüchterne Mitarbeiter kommen gar nicht zum Zug, andere sind beleidigt, wenn ihr Vorschlag keine Zustimmung bekommt und besonders Ehrgeizige zücken schon im Vorfeld eine Liste mit ausgearbeiteten Vorschlägen. Was bei einer solchen Sitzung herauskommt, bringt nur selten wirklich neuartige Ideen ans Licht. *Gestalten Sie ein effektives Brainstorming!*

* Bestimmen Sie einen Moderator, der zunächst das Problem oder den Sachverhalt formuliert. Anschließend schreibt er alle in der Sitzung gemachten Vorschläge auf ein Flipchart oder eine Tafel.

* Ziel eines guten Brainstormings ist es, Kreativität freizusetzen. Der Moderator geht im Kreis umher und lässt jeden Teilnehmer zu Wort kommen. So kann jeder Teilnehmer spontan sagen, was ihm zum Thema einfällt. Jeder soll möglichst frei assoziieren können.

* Es zählt nicht die Qualität, sondern die Quantität der Meldungen. Stellen Sie die Regel auf, dass keine geäußerte Idee bewertet werden darf. So geben Sie Ihren Mitarbeitern die Chance, auch obskur oder unsinnig wirkende Ideen zu äußern. Der Grund dafür ist: Jede noch so blöd klingende Idee löst vielleicht bei einem anderen Teilnehmer eine Assoziation aus, die zu einer wirklich guten Idee führt.

* Abwertende Kommentare und Stimmungskiller wie "Das klappt doch nie" oder "So ein Blödsinn" sind absolut tabu. Wer wiederholt gegen dieses eherne Gesetz verstößt, sollte vom Brainstorming ausgeschlossen werden.

* Das Brainstorming sollte nach spätestens einer Dreiviertelstunde beendet werden. Optimal sind 20 bis 30 Minuten.

* Wichtig: Die Auswertung der gemachten Vorschläge sollte nach einer längeren Pause, besser am nächsten Tag durchgeführt werden. Denn jetzt muss von der ausgelassenen Blödelstimmung des Brainstormings auf eine ernsthafte Bewertung umgeschaltet werden.

22) So behalten Sie Ihre Ideen!

Wer kennt das nicht: Gerade wenn man entspannt ist, fliegen einem die Ideen richtiggehend zu. Das kann beim Duschen, beim Zähneputzen oder beim Spazierengehen passieren. Später – am nächsten Morgen, nach dem Abtrocknen oder wenn Sie vom Spaziergang zurückkommen – sind die Ideen wieder verflogen. Sie wissen gerade noch, dass Sie eine geniale Idee hatten. Was genau es war, daran können Sie sich jedoch nicht mehr erinnern. Dagegen lässt sich etwas tun: *Nehmen Sie immer etwas zu Schreiben mit!* Legen Sie Stift und Block bereit, zum Beispiel neben dem Bett. Gewöhnen Sie es sich an, Ihre Ideen und wichtigen Gedanken sofort zu notieren. Wenn Sie viel mit dem Auto unterwegs sind und dort die besten Einfälle haben, nehmen Sie ein Diktiergerät mit. Falls Sie es einmal vergessen, sprechen Sie sich selbst auf den Anrufbeantworter. Sammeln Sie Ihre Notizen. Gehen Sie diese regelmäßig durch. Sortieren Sie das aus, was nicht (mehr) wichtig ist und legen Sie die wichtigen Notizen so ab, dass Sie diese wieder finden.

23) Haben Sie keine Angst davor, dass andere besser sein könnten als Sie selbst!

Ermutigen Sie andere dazu, über sich selbst hinauszuwachsen. Fördern Sie Höchstleistungen und haben Sie keine Angst davor, dass andere besser werden könnten als Sie. Wenn Sie das befürchten, halten Sie möglicherweise das Leistungsniveau künstlich niedrig. Begrenzen Sie die Leistungen Ihrer Mitarbeiter oder Projektmitglieder nicht dadurch, dass Sie ihnen weniger zutrauen, als vielleicht möglich ist. *Seien Sie offen für die Genialität, für tolle Ideen und hervorragende Erfolge.* Denn diese nutzen Ihrem Unternehmen!

24) Seien Sie mutig und belohnen Sie Mut!

Es wird immer wieder Menschen geben, die sich mit ungewöhnlichen Ideen oder Aktionen von anderen absetzen. Auch wenn jemand über das Ziel hinausschießt oder möglicherweise seine Kompetenzbereiche überschreitet, sollten Sie dieses Engagement grundsätzlich positiv bewerten. *Nutzen Sie die Energien solcher Menschen und leiten Sie diese durch konstruktive Gespräche und ungewöhnliche Maßnahmen in die Richtung, die Sie sich wünschen.*
Solche Menschen können, wenn sie ein zu ihnen passendes Betätigungsfeld bekommen, oft Erstaunliches leisten. Sie dürfen nur nicht gebremst und damit demotiviert werden. Lachen Sie gemeinsam über die Aktion und überlegen Sie zusammen, wie Sie die Ideen und die Kreativität dieser Person nutzen können.

Ziele und Visionen

❖ Kapitel 3: Ziele und Visionen

25) Ziele setzen

Gemeinsame Ziele und Visionen besitzen eine starke Sogwirkung. Es müssen allerdings erreichbare, konkrete und plausible Ziele sein. Auch müssen die Ziele in Mitarbeitergesprächen gemeinsam erarbeitet und immer wieder überprüft werden. Dann nehmen die Mitarbeiter diese Ziele auch als ihre eigenen an. *Auch der große Zusammenhang der einzelnen Schritte sollte jedem Mitarbeiter klar sein.* Damit schafft man die Basis zu kommunizieren und erreicht, dass jeder ein kleines Stück zum großen Ziel oder der Vision beiträgt. Unterstützend wirken regelmäßige Treffen, um die Fortschritte oder Rückschläge zu diskutieren und - wenn notwendig - die Ziele neu zu justieren.

26) Die Kraft der Visualisierung

Sie erreichen Ihre Ziele eher, wenn Sie diese vor Ihrem inneren Auge visualisieren, also sichtbar machen. Denken Sie sich genau in die Situation hinein, die herrscht, wenn Sie Ihr Ziel erreicht haben: Wie sieht das Ergebnis aus? Wie wirkt sich das Ergebnis auf Ihre persönliche Situation aus? Stellen Sie sich vor, wie es ist, das fertige Projekt zu sehen. Denken Sie an die positiven Dinge, die das Projekt mit sich bringt. Lassen Sie positive Gefühle zu – mit ihrer Hilfe wird es Ihnen gelingen, auch die Schwierigkeiten und Hindernisse zu überwinden. *Wenn Sie das Ziel konkret visualisiert haben, können Sie sich auch vorstellen, wie Sie es erreicht haben.*

27) Machen Sie aus Ihren Wünschen konkrete Ziele!

Wenn Sie keinen Einfluss auf die Faktoren haben, die Ihr Ziel ausmachen, handelt es sich nicht um ein Ziel, sondern eher um einen Wunsch. ***Ihre Ziele müssen durch Sie selbst erreichbar sein.*** Wenn unser Ziel von anderen abhängt, liegt das Erreichen des Zieles nicht in unserer Hand.

Statt also Ihr Ziel so zu formulieren „Ich will, dass mein Chef gerecht ist." Oder "Ich will, dass das Wetter morgen schön wird.", schreiben Sie lieber „Ich bleibe ab sofort bei den ungerechten Anschuldigungen meines Chefs ruhig und gelassen." oder „Wie auch immer das Wetter morgen wird - ich habe gute Laune."

28) Stecken Sie sich Teilziele!

Manche Ziele sind so groß, dass man gar nicht weiß, wie man sie jemals schaffen soll. Statt diese Ziele immer wieder vor sich her zu schieben, formulieren Sie diese lieber in kleinere Teilziele um, von denen jeder einzelne gut zu schaffen ist.
Sollte sich eins der Teilziele wieder als Riesenbrocken erweisen, dann brechen Sie auch dieses in kleinere Schritte herunter.

29) Formulieren Sie Ihre Ziele klar und deutlich!

Ob Sie nun ein Projekt für sich allein oder für Ihr Unternehmen planen: Das A und O ist es, Ihre Ziele genau auszuformulieren. Versuchen Sie, die Zielsetzung so präzise wie möglich zu beschreiben. Bedenken Sie dabei:

* *Ziele müssen quantitativ und qualitativ bestimmt sein.* Eine Angabe wie „Ich will wieder fit werden." ist nicht präzise genug. Konkreter ist ein Vorsatz wie „Ich will 5 km am Stück laufen können".

* *Ziele müssen zeitlich bestimmt sein.* Nicht: „im ersten Halbjahr 2006", sondern „bis/am 30 Mai 2006".

* Ziele sind überprüfbar. Wenn zum Abschluss eines Projekts beispielsweise das qualitative Ergebnis nicht überprüft werden kann, dann wurde es höchstwahrscheinlich zu schwammig formuliert (unter „fit sein" versteht jeder etwas anderes).

* Ziele werden an veränderte Rahmenbedingungen angepasst. Ändern sich zum Beispiel durch die wirtschaftliche und/oder technische Entwicklung die Voraussetzungen für ein Projekt, ist es meist notwendig, die Ziele anzupassen. Das bedeutet aber nicht, dass die einmal vereinbarten Ziele vollkommen unerheblich sind und bei der nächst besten Gelegenheit über den Haufen geworden werden dürfen. Ziele sollten wirklich nur dann angepasst werden, wenn es notwendig ist. Jede nachträgliche Änderung wirkt sich schließlich meist negativ sofort auf die Dauer und die Kosten des Projekts aus.

Und nicht zu vergessen: *Ziele sind realisierbar.* Ein Projekt ist beispielsweise dann zum Scheitern verurteilt, wenn Ihr Auftraggeber völlig unrealistische Vorstellungen hinsichtlich des Fertigstellungstermins hat und Sie ihm nicht klar sagen, dass es nicht zu schaffen ist oder ihm gar den Termin fest zusagt, um den Auftrag zu bekommen.

30) Warum es besser ist, Visionen gemeinsam zu entwickeln

Visionen und Ziele dürfen nicht einfach vorgegeben werden. Wenn Sie wollen, dass Ihre Mitarbeiter Visionen mit Leben füllen und Ziele mit aller Energie verfolgen, müssen Sie diese an der Entstehung der Visionen und Ziele beteiligen. Solange Ihre Mitarbeiter nur dazu dienen, Ihre Visionen zu erfüllen, werden sie nicht die gleiche Energie für die Umsetzung aufwenden, die sie wie nebenbei entwickeln, wenn sie das Gefühl haben, ein Teil des Ganzen zu sein!

31) Wie Sie Visionen mit Ihren Mitarbeitern zusammen entwickeln können

Lassen Sie Ihre Mitarbeiter mitreden und bei der Ausformulierung mitarbeiten. Achten Sie dabei darauf, dass Sie nicht ständig die Formulierungen Ihrer Mitarbeiter verbessern. Denn das wirkt schnell demotivierend – und Sie wollen ja das Gegenteil erreichen! Werden Sie aktiv:

* Fragen Sie nach Ideen und Vorschlägen und bauen sie diese – wenn möglich – mit ein.

* Hören Sie sich Ängste und Bedenken an.

* Sorgen Sie dafür, dass alle Beteiligten bereits bei der Entwicklung der Vision und bei der Festlegung von Zielen das Gefühl haben, beteiligt zu sein.

Visionen und Ziele können nur dann eine Kraft entwickeln, wenn sich alle in ihnen wieder finden und sie teilen.

32) Lassen Sie Ihre Visionen nicht einschlafen!

Nachdem sich einmal alle Beteiligten auf ihre Visionen und Ziele geeinigt haben, kann man häufig beobachten, dass nichts weiter getan wird, um diese auch am Leben zu erhalten. Es ist jedoch sehr wichtig, dass Sie Ihre Visionen nicht einschlafen lassen! *Sorgen Sie daher für regelmäßige Treffen, bei denen alle Beteiligten über die Ziele und ggf. die Vision sprechen.* Richten Sie auch interdisziplinäre Qualitätszirkel ein. Solche Treffen haben den Sinn, dass alle Fragen, Bedenken und Zweifel auf den Tisch kommen. Dabei sollten auch neue Erkenntnisse und Erfahrungen ausgetauscht und neue Möglichkeiten und Ideen diskutiert werden. Am Ende eines solchen Treffens müssen die Ziele möglicherweise umformuliert oder ergänzt werden.

33) Denken Sie nicht „Ich will", sondern „Ich werde"!

Die meisten Menschen beginnen gute Vorsätze mit „Ich will…". Sicher, der Einsicht, dass etwas verändert werden sollte, folgt der Wille, jedoch werden Sie erfolgreicher Ihre guten Vorsätze in die Tat umsetzen, wenn Sie die Sätze mit „Ich werde…" beginnen. Diese Formulierung hilft Ihnen, Ihre Ziele konkret zu fassen. Statt „Ich will bald abnehmen." könnten Sie es versuchen mit „Ich werde dreimal pro Woche joggen gehen und in den nächsten vier Wochen auf eine vollwertige Ernährung umsteigen." *Sie werden sehen, dass Sie mit konkreten Formulierungen Ihre Ziele viel leichter erreichen können.*

34) Tradition ist nicht die Anbetung der Asche, sondern die Weitergabe des Feuers.

Haben Sie sich auch schon mal darüber geärgert, dass Ihre Vorschläge abgeschmettert wurden mit der Begründung, so, wie es bisher gemacht werde, wäre es am besten? So sinnvoll viele Traditionen sein mögen – sorgen Sie dafür, dass sie Ihnen und Ihren Mitarbeitern nicht im Wege stehen, wenn sie dabei sind, neue und innovative Dinge zu entwickeln. Vielleicht ärgert es Sie im ersten Moment, wenn einer Ihrer Mitarbeiter mit einer ganzen Tasche voll Veränderungsvorschlägen zu Ihnen kommt. Denken Sie jedoch daran, dass ein altes Regelwerk immer wieder überprüft werden sollte, um Gültigkeit für die Menschen zu besitzen, auf die es sich bezieht. *Die Welt dreht sich schließlich immer weiter – drehen Sie sich mit!*

❖ Kapitel 4: Zeitmanagement und Planung

35) Richtiges Zeitmanagement – Die 3-Minuten-Regel

So kommen Sie besser im Beruf zurecht: Setzen Sie sich ein Zeitlimit für die Aufgaben, die Sie sofort erledigen. Ein guter Wert ist drei Minuten. Die Regel lautet: Wenn ich die für die Aufgabe erforderlichen Informationen innerhalb von drei Minuten bekomme, erledige ich die Arbeit sofort. Das spart eine Menge Stress im Arbeitsalltag. Probieren Sie's aus. In drei Minuten können Sie eine Menge schaffen: Jemanden anrufen, ein Word-Dokument mit den benötigten Infos suchen, im Internet recherchieren, einen Kollegen fragen.

In drei Minuten können Sie viele Aufgaben auch selbst erledigen, statt sie zu delegieren, was mindestens drei Minuten kosten würde. So sparen Sie nicht nur die Zeit, die das Delegieren kostet, sondern auch die Zeit, die Sie sonst für das Nachhaken brauchen würden. Auch viele Entscheidungen können Sie locker innerhalb von drei Minuten treffen. Sie brauchen dazu nur ein wenig Mut zur Lücke. Schließlich sind die Informationen, die Sie für eine wirklich gesicherte Entscheidung brauchen, oft kaum mehr überschaubar. Daher gibt es keine absolut richtigen oder falschen Entscheidungen. Entscheidungen können Sie nur der jeweiligen Situation angemessen oder eben nicht angemessen, also nach bestem Wissen und Gewissen treffen. Natürlich können Sie eine Entscheidung immer wieder hinausschieben und sich herausreden, dass Sie die Für und Wider noch nicht ausreichend abgewogen haben. *Mehr schaffen Sie jedoch, wenn Sie Entscheidungen treffen!*

Aufgeschobene Aufgaben lähmen und machen unzufrieden. Eine getroffene Entscheidung dagegen sorgt sofort für Zufriedenheit und setzt Energien frei, so dass Sie die nächsten Schritte angehen können.

36) Multitasking

Manche Dinge lassen sich parallel erledigen, so dass man Zeit spart, ohne in Hektik oder Stress zu geraten. So lassen sich Tätigkeiten kombinieren, die jeweils keine sehr große Konzentration erfordern oder schon automatisch ablaufen, etwa das Zähneputzen oder das Duschen.

Vorsicht: Kombinieren Sie keine Aufgaben miteinander, die jederzeit volle Aufmerksamkeit erfordern oder Gefahrenpotential für Sie selbst oder für andere haben. Lesen Sie also nicht beim Treppensteigen. Selbst das Telefonieren im Auto sollte tabu sein.

Planen Sie Kombinationen und probieren Sie diese einige Male aus, bevor Sie diese in den Alltag einbauen. Außerdem lohnt es sich, nach typischen Zeit-Löchern im Arbeitstag oder privaten Alltag zu suchen. Damit sind Phasen gemeint, in denen man wartet, aber auch nicht vollständig ruhen kann. Diese Zeitanschnitte lassen sich systematisch mit kleinen Aufgaben füllen, sei es mechanische Ordnungsarbeit oder bewusstes Denken und Konzentrieren, etwa inneres Rezitieren von Gedichten. Zusätzlich ist es sinnvoll, gleichartige Aufgaben - wenn möglich - in Päckchen abzuarbeiten. Dazu zählen etwa Telefonanrufe, wenn Sie nicht an bestimmte Zeitpunkte gebunden sind. Jeder gesparte Weg bedeutet gesparte Zeit. Diese gesparte Zeit sollten Sie genussvoll nutzen, denn sonst wird das Zeitsparen bloß ein Sport und damit uninteressant und hektisch.

37) Das Sofort-und-Direkt-Prinzip

Seine Aufgaben schriftlich zu planen ist eine hervorragende Methode. Man kann es allerdings auch übertreiben. Sie können mehr erledigen, wenn Sie nicht alles aufschreiben, was Sie tun wollen/sollen, sondern sofort anpacken. Ein klassisches Beispiel ist die Post. Die meisten Menschen öffnen Briefe und bilden dann Stapel: Wegwerfen, Antworten, Weiterleiten, Delegieren und so weiter. Dabei können Sie das häufig auch sofort erledigen, gleich beim ersten Lesen des

Briefs oder der Email. Das Sofort- oder Direkt-Prinzip lautet: ***Alle zeitlich überschaubaren Aufgaben sollten Sie am besten sofort erledigen.*** Jedes Blatt, jede Email und jeden Vorgang sollten Sie sich nur einmal vornehmen. Denn sonst werden diese Dinge erfahrungsgemäß zu einer Belastung: Wenn Sie die unerledigten Aufgaben vor sich herschieben, verschlingen sie in der Regel mehr Zeit, als die sofortige Erledigung beansprucht hätte. ***Überschaubare Aufgaben sofort abzuarbeiten schafft zudem schnelle Erfolgserlebnisse.*** Sie haben eine lästige Arbeit vom Tisch, Kopf und Schreibtisch sind frei für wichtigere Dinge. Was Sie gleich erledigt haben, können Sie nicht mehr vergessen – und müssen es nicht mehr auf Ihrer To-do-Liste notieren. Natürlich heißt das Sofort-Prinzip nicht, dass Sie Ihre Emails stur in der Reihenfolge abarbeiten, in der sie in Ihren Posteingang schwappen. Meist sehen Sie ja schon am Absender oder Betreff, welche Emails wirklich wichtig sind. Die nehmen Sie sich zuerst vor und beantworten sie sofort.

38) Wie Sie den To-Do-Stapel reduzieren können

Wenn Sie dazu neigen, unangenehme Aufgaben immer wieder aufzuschieben, legen Sie eine Liste mit allen Aktivitäten an, die Sie schon länger vor sich her schieben und die Sie belasten. Fragen Sie sich selbstkritisch bei jedem Punkt: "Werde oder will ich diese Aufgabe jemals noch erledigen?" Wenn nein, streichen Sie dieses Vorhaben endgültig. Wägen Sie bei jeder Aufgabe die Gründe für das Aufschieben gegenüber den Vorteilen ab, die Sie erwarten, sobald Sie diese erledigt haben: Überwiegen die Gründe für das Aufschieben, streichen Sie das Vorhaben endgültig. Überwiegen die Vorteile bei Erledigung, machen Sie sich an die nächsten Schritte.

* ***Teilen Sie jede*** bisher aufgeschobene Aufgabe in kleine, durchführbare Schritte auf, und beginnen Sie sofort mit der ersten Teil-Aufgabe.

* ***Legen Sie*** für jeden Zwischenschritt einen konkreten Erledigungstermin fest, und übertragen Sie die Termine in Ihre Tagesplanung.

Kontrollieren Sie am Ende jedes Arbeitstages, ob Sie das, was Sie sich für den Tag vorgenommen haben, auch tatsächlich erledigt haben. Wenn Sie etwas nicht erledigt haben, fragen Sie sich selbstkritisch nach den Ursachen.

Gönnen Sie sich nach jedem erfolgreichen Schritt eine Belohnung – und sei es nur eine Kaffeepause. Mit jedem erreichten Schritt wächst Ihre Motivation zur Bewältigung der nächsten Teil-Aufgabe.

39) Die ABCDE-Methode

Für die Zeit- und Aufgabenplanung braucht man keine spezielle Software: Eine Tabellenkalkulation, wie die meisten sie auf dem PC haben, ist für die ABCDE-Methode das passende Werkzeug.

Legen Sie eine Tabelle mit vier Arbeitsblättern an. Die Arbeitsblätter sind gedacht für langfristige Ziele, monatliche und wöchentliche Aufgaben sowie für die Aufgaben des jeweiligen Tages. Am besten beschriften Sie die Blätter entsprechend (zum Beispiel mit „Langfristig", „Dieser Monat", „Diese Wochen" und „To do"). Schreiben Sie Ihre langfristigen Ziele auf das erste Arbeitsblatt. Ordnen Sie diese nach der Priorität, soweit das möglich ist, schließlich dürften all diese Ziele wichtig sein. Dann notieren Sie auf dem zweiten Blatt alles, was Sie in diesem Monat erreichen wollen, um Ihren langfristigen Zielen näher zu kommen. Schreiben Sie alles auf, was Ihnen einfällt. Ergänzen Sie die Liste später, wenn Ihnen weitere Dinge einfallen, ebenso wenn neue langfristige Ziele hinzukommen. In der Spalte neben den Bezeichnungen Ihrer Aufgaben tragen Sie die Priorität (A, B, C, D oder E) ein.

Aufgaben mit Priorität A sind sehr wichtig und dringend. Beispiele für Priorität-A-Aufgaben: ein Projekt mit einer festen Deadline, die Akquise neuer Kunden oder das Entwickeln neuer Produktideen.

Aufgaben der Kategorie B sind dringend, aber nicht wichtig. Dazu gehört das Beantworten von E-Mails, Rückrufe, Einkäufe oder kleinere Projekte.

Typ-C-Aktivitäten sind typische Dinge, die wir tun, wenn wir uns vor anderen, wichtigen Aufgaben drücken.

* ***Aufgaben der Kategorie D*** können Sie ohne Bedenken delegieren.

* ***Typ E*** steht für Aktivitäten, die auf Ihren Listen nichts verloren haben.

Sortieren Sie die Aktivitäten in der Liste nach ihrer Priorität: Zuerst kommen die Typ-A-Aktivitäten, dann Typ B, C und so weiter. Innerhalb einer Kategorie nummerieren Sie die Aufgaben nach Wichtigkeit, also A1, A2, A3,... .

Übertragen Sie alle Aktivitäten, die in dieser Woche erledigt werden müssen, von der Monatsliste auf die Liste mit den Aufgaben der Woche. Versuchen Sie dabei, so viele Typ-A-Aktivitäten wie möglich auf die Wochenliste zu bringen. Gehen Sie die Wochenliste durch und sortieren Sie die Aufgaben nach ihrer Priorität.

Übertragen Sie die Aufgaben, die Sie heute erledigen wollen/müssen auf die Liste „To do" und sortieren Sie diese nach ihrer Wichtigkeit. Fangen Sie nach Möglichkeit mit der Aufgabe an, die die höchste Priorität hat. Löschen Sie erledigte Aufgaben von der Liste oder richten Sie ein weiteres Arbeitsblatt ein, auf das Sie die erledigten Aufgaben verschieben. So haben Sie eine Übersicht darüber, was Sie an jedem einzelnen Tag geschafft haben.

Pflegen Sie die Listen und übertragen Sie am besten schon am Abend eines Arbeitstags die Aufgaben des nächsten Tages auf die „To do"-Liste. Falls noch Aufgaben vom jeweiligen Tag übrig geblieben sind, arbeiten Sie diese am nächsten Tag ab (sofern sie sich nicht ohnehin erledigt haben). Mit dieser Methode wissen Sie jeden Morgen genau, welche Aufgaben wirklich wichtig sind und zuerst in Angriff genommen werden sollten.

40) Effizienter Arbeiten mit Arbeitsplänen

Wenn Sie am Morgen wissen, welche einzelnen Aufgaben anstehen und welche davon die wichtigsten sind, dann wird es Ihnen leichter fallen, überhaupt anzufangen. ***Stellen Sie sich daher am Morgen einen konkreten Arbeitsplan für den Tag zusammen.*** Schreiben Sie auf, was zu erledigen ist, welche Priorität die Aufgaben haben und wie lange Sie für jede einzelne brauchen. Reservieren Sie sich für die Aufgaben sowie für unvorhergesehene Zwischenfälle einen Puffer. Falls Sie sich mit einer Belohnung motivieren wollen, notieren Sie auch diese im Tagesplan. Dann beginnen Sie mit den wirklich wichtigen Aufgaben. Alternativ kann es auch sinnvoll sein, mit den unangenehmen Jobs anzufangen, so dass Sie diese schnell hinter sich haben. *Streichen Sie alle Aufgaben, die Sie erledigt haben, von der Liste – so sehen Sie, wie Sie vorwärts kommen.* Sollten Sie etwas an einem Tag nicht mehr schaffen, übertragen Sie die Aufgabe auf den nächsten Tag.

41) Seien Sie ein verlässlicher Partner!

Verlässlichkeit bedeutet, dass jemand Zusagen einhält, dass er zu seinem Vorhaben steht sowie Verantwortungsbewusstsein und Einsatzbereitschaft mitbringt.

Natürlich lassen sich Charaktereigenschaften wie Verlässlichkeit nicht wirklich trainieren, aber Sie können dafür sorgen, in Zukunft verlässlicher zu sein. *Vermeiden Sie vorschnelle Zusagen. Bitten Sie immer um Bedenkzeit, ehe Sie eine größere Zusage machen.* Fragen Sie sich: "Kann und will ich das?", und wägen Sie Ihre persönlichen Lebens- und Arbeitsumstände sowie den notwendigen Aufwand ab. *So vermeiden Sie, aus einer euphorischen Stimmung heraus Fehlentscheidungen zu treffen und trainieren gleichzeitig Ihren Sinn für echte Notwendigkeit.* Verlässlichkeit bedeutet nämlich auch, sich bewusst zu sein, was man überhaupt leisten kann und was nicht.

42) Strategien gegen unerwünschte Besuche

Spontane Besucher im Büro sind nicht immer willkommen. Schließlich stehlen Ihnen unerbetene Besucher Zeit und stören die Konzentration - so gerät Ihre Zeitplanung schnell durcheinander. Unerwünschte Besuche müssen Sie aber nicht erdulden. Mit den richtigen Strategien minimieren Sie die Störungen durch redselige Kollegen:

* *Lassen Sie die Tür* nur offen, wenn Sie auch unterbrochen werden dürfen. Wenn Sie nicht gestört werden wollen, schließen Sie die Tür.

* *Entfernen Sie überflüssige* Stühle, die nur zum Hinsetzen verleiten, aus Ihrem Büro.

* *Legen Sie Aktenordner* oder ähnliches auf den Besucherstuhl.

* *Wenn jemand in Ihr Büro "schneit", stehen Sie auf.* Bleiben Sie solange stehen, bis der Besuch wieder geht.

* *Fangen Sie Besucher möglichst an der Tür ab* und signalisieren Sie, dass Sie auf dem Sprung woanders hin sind.

* *Verneinen Sie die Frage "Haben Sie eine Minute Zeit?",* wenn Sie keine haben. Vereinbaren Sie stattdessen einen späteren Termin für ein kurzes Gespräch. Und gehen Sie zu Ihrem Kollegen statt umgekehrt – so haben Sie es in der Hand, wann Sie sich verabschieden.

* *Eröffnen Sie ein Gespräch,* das Sie kurz halten wollen, nicht mit einer Frage wie "Wie geht es?", sondern mit "Was kann ich für Sie tun?"

* *Legen Sie ein Zeitlimit fest.* Machen Sie, wenn es soweit ist, deutlich, dass die Zeit jetzt vorbei ist. Beenden Sie das Gespräch dann freundlich, aber bestimmt.

* *Versuchen Sie,* Besprechungen möglichst nicht in Ihrem Büro abzuhalten.

* *Falls sich eine Besprechung in Ihrem Büro nicht vermeiden lässt, legen Sie dafür ein maximale Dauer (15 Minuten, 30 Minuten, o.ä.) fest.*

43) Stehlen Sie anderen nicht unnötig ihre Zeit!

Berufliche und private Termine immer einzuhalten, gelingt kaum jemandem. So stehlen Sie anderen nicht unnötig Zeit:

Sagen Sie einen Termin wirklich sofort ab, wenn klar wird, dass Sie ihn nicht einhalten können.

Versuchen Sie direkt, einen neuen Termin auszumachen. Bieten Sie Alternativtermine an – oder bitten Sie darum, Ihnen welche vorzuschlagen.

Rufen Sie an. E-Mail oder Fax kommen nur in Frage, wenn Sie Ihren Terminpartner schon länger kennen und zugleich ein informeller und vertrauter Umgang herrscht.

Falls Sie lediglich die Mailbox Ihres Gesprächspartners erreichen, hinterlassen Sie eine Nachricht mit Ihrer Absage. Kündigen Sie dabei aber an, dass Sie sich umgehend nochmals melden werden – und tun Sie das dann auch.

44) Nutzen Sie Farben!

Setzen Sie gezielt Farben ein, um Ihre Notizen anschaulicher zu machen. So können Sie dringende Dinge zum Beispiel in Rot schreiben, Ideen grün umranden, erledigte Aufgaben in Schwarz durchstreichen und so weiter. *Wenn Sie sich konsequent an Ihr System halten, erkennen Sie schneller, worum es geht.*

45) Trainieren Sie das Lesen!

Der Großteil der Informationen, die wir verarbeiten, liegt in lesbarer Form vor. Drei unterschiedliche Methoden helfen Ihnen, die Informationen effizienter einzulesen: Mit Schnelllesen können Sie die durchschnittliche Lesegeschwindigkeit von 160 bis 200 Wörtern pro Minute (wpm) leicht auf das Doppelte steigern und doch den Lesestoff besser verarbeiten. Typisch ist eine Steigerung auf etwa 300 Wörter pro Minute. Diese Methode wurden von Ernst

Ott entwickelt und ist in seinem Buch „Optimales Lesen" beschrieben.

Eine weitergehende Methode ist das von Tony Buzan entwickelte Speed Reading, das die Schnelllesetechnik mit Strukturierungs- und Lerntechniken, unter anderem Mindmapping, verbindet. Mehr dazu in Buzans Buch „Speed Reading", das im ersten Teil auch auf die Schnelllesemethode eingeht. Laut Buzan soll man damit bis zu 1.000 Wörter pro Minute schaffen (er meint natürlich die kürzeren englischen Wörter), realistisch sind aber eher 300 bis 450 wpm, die sich nach mehreren Wochen Training erzielen lassen.

Eine Sonderform ist das Photo Reading, eine Querlesetechnik, bei der man bewusst nicht den gesamten Inhalt aufnimmt und schon gar nicht durchdenkt. Zur Strukturierung ist diese Methode allerdings recht brauchbar.

46) Halten Sie sinnvolle Meetings ab!

Meetings können gewaltige Zeitdiebe sein. Beispielsweise, weil das Ziel nicht klar definiert ist; weil es keine Tagesordnung gibt und keiner vorbereitet ist oder weil am Ende keine Maßnahmen vereinbart werden. Wenn Sie für die Organisation einer Besprechung zuständig sind, achten Sie auf folgende Punkte:

* *Klären Sie, ob überhaupt ein Meeting notwendig ist.* Vielleicht lässt sich das gewünschte Ergebnis ja auch per E-Mail oder Telefonanruf erreichen. Viele Besprechungen werden eher aus Gewohnheit als aus Notwendigkeit anberaumt.

* *Bereiten Sie eine Agenda vor* und verteilen Sie diese vor der Besprechung. So haben alle Teilnehmer Gelegenheit, sich vorzubereiten.

* *Laden Sie die Teilnehmer ein, die notwendig und betroffen sind* – und nur die. Arbeitszeit kostet schließlich Geld. Achten Sie darauf, dass die Kosten des Meetings (Zeit, Reisekosten, etc.) nicht höher sind als die Beträge, um die es im Meeting geht.

* *Lassen Sie Teilnehmer,* die für den weiteren Ablauf eines Meetings nicht mehr erforderlich sind, schon vor dem Ende der Besprechung wieder gehen. So stehlen Sie ihnen nicht mehr Zeit als notwendig.

*** Halten Sie die Ergebnisse schriftlich fest.** Beschließen Sie die notwendigen Maßnahmen und legen Sie feste Termine und Zuständigkeiten dafür fest. Eine Besprechung, die ohne konkrete Ergebnisse verläuft, ist häufig den Aufwand nicht wert gewesen.

47) Gehen Sie sinnvoll mit Informationen um!

Web, E-Mail, Newsgroups, Fachzeitschriften, etc. – immer mehr Menschen klagen darüber, dass Sie sich von der Informationsflut überwältigt fühlen. Zunächst einmal: Der Begriff „Informationsflut" suggeriert, dass Sie den Informationen, die da auf Sie einströmen, hilflos ausgeliefert sind.

Das ist schlicht und einfach nicht wahr – im Urlaub schaffen es die allermeisten ja schließlich auch, abzuschalten und sich dem Informationsangebot zu entziehen.

Das heißt, dass es in der Hand des Einzelnen liegt, mit den Informationsströmen sinnvoll umzugehen und die gewünschten Informationen herauszufiltern. In der Fachliteratur wird die dazu nötige Fähigkeit als „Information Literacy" oder Medienkompetenz bezeichnet.

Dazu gilt es, sich zunächst einmal seinen Informationsbedarf bewusst zu machen: Was muss ich in meinem Job wirklich wissen – jetzt und in der Zukunft? Informationen auf „Vorrat zu horten" bringt nichts. Natürlich können Sie Informationen einfach nach Gutdünken auf Ihre Festplatte schaufeln. Davon haben Sie aber nur dann wirklich etwas, wenn Sie die Informationen auch in die passenden Kategorien einordnen, etc. Diesen Aufwand zu betreiben für Informationen, die Sie – vielleicht – in einem Jahr brauchen, kostet Sie viel Energie und Zeit. Überlegen Sie auch: Steht der Aufwand überhaupt in einem vertretbaren Verhältnis zu dem, was dabei herauskommt? So sollten Sie beispielsweise bei News- und Diskussionsgruppen im Internet genau überprüfen, wie das Signal-Rausch-Verhältnis ist. Ist es für die paar Tipps, die Sie wirklich verwerten können, sinnvoll, täglich zweimal die jeweilige Gruppe zu besuchen und zu lesen? Reicht es nicht, im Fall der Fälle die Suchfunktion zu nutzen und gezielt zu recherchieren? Damit sind wir beim nächsten Punkt: ***Wählen Sie Ihre Quellen gezielt aus.*** Sie haben sicherlich etliche E-Mail-Newsletter und Fachzeitschriften abonniert. Lesen Sie die regelmäßig oder sammeln Sie diese nur? Bestellen Sie Newsletter ab, die Sie ohnehin nie lesen!

Pause

❖ Kapitel 5: Wie Sie abschalten können

48) Schalten Sie zur richtigen Zeit ab!

War Ihr Arbeitstag wieder einmal Stress ohne Ende? Kreisen Ihre Gedanken noch im Bett um den Job? Dann wird es Zeit, sich von diesem Druck zu befreien. Denn wenn Sie den Arbeitsstress vor dem zu Bett gehen nicht kompensieren, dann können Sie genauso gut auf bleiben. Denn erholsam wird der Schlaf nicht. Auf Dauer kann unbewältigter Stress sogar zu ernsthaften psychischen Problemen führen.

Hier einige Strategien, um den Stress vor dem Feierabend abzuschütteln:

Schließen Sie möglichst alle Arbeiten vor dem Nachhausegehen ab.
Sie nehmen so die damit verbundenen Probleme auch nicht mit ins Bett. Bleiben Sie lieber einmal ein paar Stunden länger im Büro, statt eine unruhige und damit wertlose Nacht zu verbringen. Sagen Sie sich bei größeren Projekten: Das werde ich morgen in Angriff nehmen. Vertrauen Sie sich und Ihren Fähigkeiten!

Treiben Sie Sport. Gehen Sie Schwimmen, ins Fitnessstudio oder fahren Sie eine Stunde Fahrrad. Dabei können Sie sich abreagieren und Sie kommen auf andere Gedanken. Machen Sie lieber noch um 22.00 Uhr einen Dauerlauf durch den Park, als gestresst den Tag zu beenden. Zur Not tut es auch ein halbstündiger Spaziergang.

Nehmen Sie sich Zeit. Es bringt nichts, spät abends gestresst nach Hause zu kommen und dann gleich ins Bett zu gehen. Machen Sie für zwei Stunden etwas anderes. Lesen Sie zum Beispiel ein Buch. Das gibt Ihrem Kopf Zeit, den angestauten Stress vor dem zu Bett gehen abzubauen.

* Auch wenn es manchmal schwer fällt: Machen Sie im Job jede Stunde eine kurze Pause. Schließen Sie die Augen und denken Sie an etwas Schönes, etwa Ihren Urlaub. Machen Sie ein paar Gymnastikübungen, am besten an der frischen Luft. Wenn Sie das regelmäßig tun, verarbeiten Sie schon während der Arbeitszeit den anfallenden Stress.

49) Genießen Sie Ihren wohl verdienten Feierabend!

Fällt es Ihnen auch schwer, Ihre Gedanken nach der Arbeit von Ihrem Job zu lösen? Richtig abschalten und den Feierabend genießen können Sie im Grunde nur, wenn Sie einen klaren "Cut" machen und den Arbeitstag geistig abschließen.

Kleine Rituale helfen Ihnen, einen Cut zu machen. Eine Möglichkeit besteht darin, den Arbeitsplatz aufzuräumen und dies ganz bewusst als Abschluss des Arbeitstages zu erleben. Das Aufräumen gibt Ihnen noch einmal das Gefühl, etwas geschafft zu haben und ist gleichzeitig das Signal dafür, dass jetzt die verdiente Freizeit beginnt.

Eine zweite Möglichkeit: Suchen Sie sich einen bestimmten Platz an der Straße auf Ihrem Nachhauseweg aus. Dort kippen Sie jeden Abend in Gedanken die Belastungen und den Ärger des Tages aus. Schließlich zwingt Sie doch niemand, das alles in Ihr privates Leben mitzunehmen.

50) Sorgen Sie für Ausgleich!

Viel Stress? Dann suchen Sie Ruhe und Ausgleich für zwischendurch. Kleine Auszeiten können die Momente sein, in denen man nicht vor dem Fernseher sitzt, sondern vielleicht einfach nur aus dem Fenster schaut und den Körper und Geist entscheiden lässt, wonach ihnen zumute ist. Vielleicht hören Sie auch einfach Musik und lassen Ihre Gedanken schweifen. *Ziel ist es, den Geist zu beruhigen und nicht, ihn weiter zu beschäftigen.* Indem wir in freien Minuten zur Zeitung greifen oder uns vor den Fernseher setzen, füttern wir unser Gehirn ständig mit neuen Informationen, die es dann wieder verarbeiten muss. Wirklich entspannen können wir so aber nicht.

51) Nehmen Sie sich eine Auszeit an schlechten Tagen!

Sicher kennen Sie auch diese Tage, an denen einen nichts und niemand motivieren kann. Dann hilft es nichts, stundenlang vor dem Berg an Arbeit zu sitzen und doch nichts zustande zu bringen. Hören Sie in einem solchen Fall auf und machen Sie früher Schluss, sofern das möglich ist. Oder lassen Sie die Aufgabe liegen und tun Sie etwas anderes. Genehmigen Sie sich diese Auszeit. Und versuchen Sie, dabei kein schlechtes Gewissen zu haben. Wir sind nun einmal keine Roboter, die jeden Tag gleich funktionieren. *Versuchen Sie, aus einem solchen Tag das Beste zu machen.* Genießen Sie bewusst die Auszeit. Am nächsten Tag wird dann alles besser gehen.

52) Wenn Sie etwas tun, dann tun Sie es richtig!

Man hat immer die Zeit, es zweimal zu machen - nie, es einmal richtig zu machen. Viele Menschen, die in Hektik leben und arbeiten, gewöhnen es sich an, die Dinge, die sie tun, nur halbherzig zu tun. Das mag fürs Erste reichen, jedoch zeigt sich meistens auf den zweiten Blick, dass die Arbeit noch einmal getan werden muss. Deshalb: *Tun sie lieber etwas einmal und richtig, statt mehrmals und halbherzig!* Das gilt auch für Mahlzeiten. Wer sein Essen im Gehen herunter schlingt, bekommt oft Magenschmerzen, die ihn über einen längeren Zeitraum belasten. Auch hier gilt: Nehmen Sie sich Zeit zum Essen. Ihre Gesundheit wird es Ihnen danken!

53) Leben Sie im Hier und Jetzt!

Tun Sie das, was Sie tun, überzeugt! Leben Sie im Hier und Jetzt. Entwickeln Sie eine Sensibilität für den Augenblick. Trainieren Sie Ihre Wahrnehmungsfähigkeit. Genießen Sie Ihr Leben, ohne ein schlechtes Gewissen zu haben.

* *Wenn Sie "sündigen", dann tun Sie es – aber überzeugt!*

* *Verteilen Sie Ihre Kraft* auf verschiedene Lebensaktivitäten, nicht nur auf den Beruf.

* *Handeln Sie bewusst* im Beruf, in der Freizeit und in Ihrer Familie. Leben Sie bewusst, lachen Sie bewusst und leiden Sie bewusst!

54) Alles, was unbezahlbar ist, ist kostenlos.

Die meisten Menschen träumen von Luxusgütern, die sie sich nicht leisten können. Geht es Ihnen auch so? Warum eigentlich? Fragen Sie sich, welche Erwartungen für Sie an bestimmten Luxusgütern geknüpft sind. Der eine träumt von einem Rolls Royce, um Anerkennung von den Menschen zu bekommen, die sie ihm bisher versagt haben. Eine andere träumt vielleicht von einer Modelfigur, um endlich die Liebe des Lebens kennen zu lernen. Träumen Sie nicht weiter davon, was Sie alles mit bestimmten Luxusgütern erreichen könnten! Anerkennung können Sie auch kostenlos haben – indem Sie herzlich zu Ihren Mitmenschen sind. Ebenso brauchen Sie keine Modelfigur, um die Liebe Ihres Lebens kennen zu lernen, denn wie würde es Ihnen gefallen, wenn die „Liebe Ihres Lebens" Sie verlässt, nur weil Sie ein paar Pfunde zugenommen haben oder ein paar Falten bekommen haben? *Lösen Sie sich von Ihren Erwartungen, die an bestimmte Luxusgüter geknüpft sind – Sie können dies alles auch kostenlos haben!*

Entscheidungen

❖ **Kapitel 6: Entscheidungen**

55) Entscheiden Sie nicht voreilig!

Machen Sie sich zuerst einmal klar, was oder worüber Sie entscheiden wollen. Solange das nicht fest steht, hat es wenig Sinn, mit dem Sammeln von Informationen und Lösungsmöglichkeiten zu beginnen. Insbesondere wenn noch andere Personen an der Entscheidung beteiligt sind, kann es fatal sein, wenn Sie sich nicht einig sind, worum es überhaupt geht. Natürlich kann es im Laufe der Recherchen passieren, dass sich die ursprüngliche Fragestellung ändert. So könnten Sie feststellen, dass das Problem, das Sie angehen wollten, nur ein Teil eines größeren Problems ist. Dann geht es darum, die Fragestellung zu verändern. Schätzen Sie auch die Wichtigkeit und die Dringlichkeit der Entscheidung ab: Weniger wichtige Entscheidungen sollten Sie schnell fällen – so sind sie aus dem Weg. Bei wichtigen Entscheidungen dagegen kann übereiltes Vorgehen gravierende Konsequenzen haben. Ihre erste Entscheidung sollte also sein: Wann ist die Entscheidung überhaupt fällig?

56) Sorgen Sie für Transparenz in Ihren Entscheidungen!

Nur wer das „Warum" kennt, wird Ihre Entscheidung mittragen und zum Erfolg führen. Bedenken Sie, dass der Kenntnisstand eines jeden Menschen 100% beträgt. Wenn er nur 10% echte Information hat, wird er den restlichen Teil mit Gerüchten und Eigeninterpretationen auffüllen. Das führt zwangsläufig zu Missverständnisses und Reibungsverlusten.

57) Lassen Sie Ihre Mitarbeiter an Ihren Entscheidungen teilhaben!

Stellen Sie Ihre Entscheidungen auf eine breite Beteiligungs-Basis, damit auch schwere Entscheidungen respektiert und unterstützt werden.

58) Eine falsche Entscheidung ist immer noch besser als gar keine Entscheidung!

Sowohl im Arbeits-, als auch im Privatleben gilt: Schieben Sie Entscheidungen nicht auf die lange Bank. *Denn: Eine falsche Entscheidung ist immer noch besser als gar keine Entscheidung.* Sie glauben das nicht? Dann überlegen Sie: Wenn Sie keine Entscheidung treffen, dann haben Sie in Wirklichkeit doch eine Entscheidung getroffen: untätig zu bleiben oder ein Problem nicht anzupacken. Das ist auf jeden Fall die falsche Entscheidung. *Sie können also nur gewinnen, wenn Sie sich durchringen und entscheiden.*

Ganz abgesehen davon ist es für Ihre Umwelt, für Kollegen und Partner angenehmer, wenn Sie Entscheidungen schnell treffen, die das Miteinander betreffen. Wenn Sie dann noch mit den Beteiligten sprechen und sie um Rat fragen, reduzieren Sie die Gefahr einer falschen Entscheidung.

Gesprächsführung

❖ Kapitel 7: Gesprächsführung

59) So vermeiden Sie Schweigen, wenn Sie sich mit einem neuen Bekannten oder Geschäftspartner unterhalten

Stellen Sie offene Fragen! Vermeiden Sie Fragen, die man einfach mit Ja oder Nein beantworten kann. Fragen Sie beispielsweise: "Wohin reisen Sie am liebsten?" anstatt "Waren Sie schon einmal in Italien?". Der Gesprächspartner hat dadurch die Gelegenheit, so viele Informationen preiszugeben, wie er möchte. Die Antwort bietet Ihnen Stoff für weitere Fragen oder Kommentare Ihrerseits.

Vermeiden Sie Themen wie Religion, Todes- oder Krankheitsfälle oder politische Meinungen. Andernfalls geraten Sie leicht in schwierige Gespräche oder gar Streitigkeiten. Achten Sie auf Ihre Körpersprache, die Ihrem Gegenüber signalisiert, ob Sie echtes Interesse haben. Blickkontakt und ein freundliches Lächeln erwecken Sympathie.

60) Richtig argumentieren

Eine Argumentation besteht normalerweise aus zwei Teilen: a) eine Meinung, Behauptung oder auch eine Bitte, Forderung, etc. und b) eine Begründung dafür.

Ein Beispiel: "Es hat keinen Sinn, jetzt schon die neue Software xyz zu kaufen (=Meinung). Bei einem Testlauf haben wir nämlich festgestellt, dass die Funktionen a, b und c, die für uns wichtig sind, nicht unsere Anforderungen erfüllen (=Begründung)." Welchen Teil Sie zuerst nennen, bleibt Ihnen überlassen. Wenn Sie allerdings eine negative Reaktion erwarten, dann sollten Sie mit der Begründung anfangen: "Wir nutzen gerade mal 10 Prozent der Funktionalität von xyz, Version 2. Ein Umstieg auf Version 2.5 bringt für uns keine wesentlichen Vorteile, deshalb warten wir ..." Oft nimmt Ihnen in einem solchen Fall der Gesprächspartner die manchmal ja durchaus unangenehme Schlussfolgerung ab, wie das folgende Beispiel zeigt:

„Wir nutzen gerade mal 10 Prozent der Funktionalität."

„Und deshalb wollen Sie wohl nicht auf unser neues xyz 2.5 umsteigen."

„Richtig."

Sie sind dann in der glücklichen Lage, ihm zustimmen zu können.

Wenn Sie dagegen umgekehrt vorgehen, kann es passieren, dass Ihr Gegenüber Sie unterbricht und die Begründung gar nicht erst wahrnimmt: "Wir haben uns entschieden, nicht auf Release 2.5 umzusteigen..." Die Gründe dafür gehen dann vielleicht in der Verärgerung Ihres Gesprächspartners unter. ***Falls Sie einmal in der Situation sind, eine Ablehnung zu kassieren, nehmen Sie Ihrem Gegenüber nicht ab, die Gründe bzw. die Schlussfolgerung selbst auszusprechen.*** Fängt also zum Beispiel der Controller in Ihrem Unternehmen an mit "Wir haben gerade erst eine Million ausgegeben für xyz", dann lassen Sie ihn die Folgerung schon selbst aussprechen (zum Beispiel: "Deshalb kommt die Investition ... nicht in Frage."). Falls er herumdruckst oder darauf wartet, dass Sie ihm die unangenehme Schlussfolgerung abnehmen, fragen Sie direkt nach: "Und was bedeutet das nun (konkret)?".

61) So schließen Sie eine Unterhaltung oder ein Geschäftsgespräch richtig ab

* ***Lassen Sie Ihren Blick*** öfter durch den Raum gleiten.

* ***Nehmen Sie Gegenstände*** wie Handtasche, Brille oder Geldbeutel zu sich. Das sind eindeutige Signale, dass Sie das Gespräch beenden möchten.

* ***Fassen Sie den Inhalt*** oder das Ergebnis des Gesprächs zusammen. Ist das nicht möglich, so verwenden Sie Floskeln wie: "In diesem Sinne". Bei geschäftlichen Gesprächen fassen Sie zusammen, welche Schritte nun erfolgen sollen, also "gut, als nächstes bekommen Sie von uns ein Angebot..."

* ***Blicken Sie Ihrem Gegenüber noch einmal in die Augen.*** Lächeln Sie

dabei. Bedanken Sie sich für das Gespräch und verabschieden Sie sich.

Konzentrieren Sie sich dabei völlig auf den Gesprächspartner.

Die letzte Aufmerksamkeit ist ebenso wichtig wie der erste Eindruck.

62) Vier Schritte für ein erfolgreiches Gespräch

Jedes wichtige Gespräch sollte Sie und Ihren Gesprächspartner weiterbringen.

Das erreichen Sie, wenn Sie keinen der folgenden 4 Schritte auslassen:

Schritt 1: Emotionale Verbindung herstellen

Wie geht es Ihrem Gesprächspartner? Wie ist er drauf? Versuchen Sie, seine Gefühlslage zu erspüren. Äußern Sie Verständnis für diese Gefühlslage – selbst wenn Ihnen das schwer fällt. Denn wenn Ihr Gegenüber merkt, dass Sie kein Verständnis für ihn aufbringen wollen, dann wird keine Verbindung und damit auch keine Kommunikation stattfinden.

Schritt 2: Fakten klären

Nun ist der Weg frei für sachliche Fragen. Hören Sie Ihrem Gegenüber mindestens 60 Sekunden zu, ohne ihn zu unterbrechen. Damit vermeiden Sie einen der häufigsten Gesprächsfehler: Einer berichtet zuerst Fakten und will dann zu seiner Schlussfolgerung kommen, wird aber unterbrochen, weil sein Gesprächspartner schon auf die Fakten reagieren will, ohne die Vorschläge des anderen abzuwarten. ***Lassen Sie Ihren Gesprächspartner ausreden!***
Wer andere ständig unterbricht, vermittelt ihnen, dass er sie nicht ernst nimmt.
Das heißt natürlich nicht, dass Sie jemanden, der nach fünf Minuten immer noch bei seiner Einleitung ist, nicht unterbrechen dürfen.
Gerade wenn es um ein gemeinsames Projekt geht, ist es sinnvoll, nach weiteren Möglichkeiten zu suchen. Versuchen Sie gemeinsam, über die angebotenen Vorschläge hinauszugehen. Denken Sie an das Motto "Wir zwei sind mehr als die Summe unserer Teile." ***So finden Sie neue Wege und Möglichkeiten – gemeinsam!***

Schritt 3: Vereinbarungen treffen

Am Ende des Gesprächs müssen klare Handlungsanweisungen und Vereinbarungen stehen - und zwar für beide Seiten. Das bedeutet, dass Sie die nächsten Schritte und Termine dafür vereinbaren.

Schritt 4: Positives Ende

Versuchen Sie, nach der sachlichen Lösung den Bogen zurück ins Emotionale zu schlagen. **Beenden Sie das Gespräch freundlich, mit einem Lächeln, mit positiven Signalen.** Das wird sicher nicht immer möglich sein, aber versuchen sollten Sie es. Denn so können Sie die gefundene Sachlösung positiv emotional in sich und Ihrem Gegenüber verankern.

63) Scheuen Sie nicht das persönliche Gespräch!

So wichtig und hilfreich schriftliche Kommunikation auch ist: **Entscheidende Weichenstellungen geschehen im Berufsleben im direkten Gespräch.**

Mit den folgenden Tipps machen Sie aus einem Gespräch einen Dialog, der alle Beteiligten weiter bringt: Hören Sie zu. Ideal ist ein Verhältnis von 70:20:10.

70 Prozent der Zeit sollten Sie zuhören, ohne ein Wort zu sagen.

20 Prozent der Zeit zeigen Sie Ihrem Gegenüber auf verbale und nonverbale Weise, dass Sie seine Botschaft verstanden haben.

Nur 10 Prozent der Zeit nutzen Sie aktiv, um das Gespräch voranzubringen.

* **Lernen Sie, die nonverbalen Botschaften zu lesen,** die Ihr Gesprächspartner beispielsweise durch Gesten oder den Gesichtsausdruck aussendet.

* **Konzentrieren Sie sich** nicht nur auf das, was Ihr Gegenüber sagt. Wichtig ist auch, was er nicht sagt.

* **Vergewissern Sie sich** immer wieder, dass Sie verstanden haben, was Ihr Gegenüber gesagt hat, was er denkt und fühlt.

* **Gehen Sie nicht unvorbereitet in ein schwieriges Gespräch.** Überlegen Sie sich vorher, welches Ziel Sie verfolgen und wo Sie und Ihr Gesprächspartner

gerade stehen. Dann machen Sie sich Gedanken darüber, wie Sie Ihr Ziel erreichen.

* ***Beginnen Sie das Gespräch mit den Zielen Ihres Gegenübers.*** Damit signalisieren Sie, dass Sie nicht nur aus egoistischen Motiven ein bestimmtes Ziel erreichen wollen.

* ***Halten Sie sich vor Augen:*** Sie erreichen das, was Sie wollen erst, nachdem Sie Ihrem Gegenüber das gegeben haben, was er braucht.

* ***Fassen Sie am Ende*** eines wichtigen Gesprächs die Ergebnisse und die Schritte zusammen, auf die Sie sich geeinigt haben. So weiß jeder, was er zu tun hat.

* ***Üben Sie,*** Ihrem Gesprächspartner zu vermitteln, dass Sie mehr darüber wissen wollen, wenn der seine Ansicht über etwas bzw. seine Absicht dargelegt hat.

* ***Seien Sie authentisch.*** Jeder hat Schwächen und Fehler, auch Sie. Das macht uns Menschen aus.

❖ Kapitel 8: Kritik

64) Fragen statt Sagen

Wie reagieren Sie, wenn anderen Fehler unterlaufen? Vielleicht könnten Sie mit der Fragetechnik (statt Sagetechnik) vorgehen? Lassen Sie den anderen doch erst mal erklären, warum er es so und nicht anders gemacht hat. Vielleicht war der Gedanke dahinter gar nicht so falsch.

Oft hat der andere sogar selbst eine bessere Idee, von der wir jedoch nichts erfahren, wenn wir nur herummeckern.

65) Kritik anbringen

Beachten Sie einige Regeln, wenn Sie Kritik üben. Dann versteht Ihr Gegenüber die Kritik nicht als Angriff, sondern als konstruktiven Hinweis.

* Wählen Sie eine günstige Zeit. Achten Sie darauf, dass der Kritisierte nicht in Zeitnot ist, sonst wird er Ihnen womöglich nur mit halbem Ohr zuhören.

* Erklären Sie klar und deutlich, was Sie stört und fassen Sie sich kurz. Verwenden Sie Ich-Botschaften, dadurch fühlt sich Ihr Gegenüber nicht angegriffen und ist offener für eine Lösung.

* Beschränken Sie sich in Ihrer Kritik auf Fakten und auf konkrete Situationen. So ist die Kritik nachvollziehbar. Verzichten Sie auf Verallgemeinerungen.

* Kritisieren Sie Ihren Gesprächspartner nicht in Gegenwart Dritter. Das setzt ihn unnötig herab und schafft eine unangenehme Atmosphäre voller Misstrauen.

* Suchen Sie gemeinsam nach einer Lösung! Geben Sie Ihrem Mitarbeiter eine Chance, seinen Fehler wieder gut zu machen. Er wird Ihnen Ihre Großherzigkeit danken.

66) Vom Umgang mit Kritik

Der Umgang mit Kritik gehört zu den schwierigsten Aufgaben im zwischenmenschlichen Bereich. Wer wird schon gerne auf Fehler hingewiesen? So gehen Sie angemessen und konstruktiv mit Kritik um: ***Versuchen Sie, Ihr Gegenüber ausreden zu lassen und wirklich zu verstehen, was er Ihnen sagen will.*** Dazu gehört zunächst einmal Offenheit – wer sich angegriffen fühlt, kann nicht offen reagieren, sondern begibt sich sofort in eine Abwehrhaltung. Abwehr macht es schwierig, das aufzunehmen, was der andere Ihnen sagen will.

Versuchen Sie nicht, sofort etwas zu erwidern! Gehen Sie nicht zu Rechtfertigungen und Verteidigungen über. Denn dann erfahren Sie gar nicht mehr, was Ihnen der andere mitteilen will. ***Wer schon seine Verteidigung in Gedanken vorbereitet, kann nicht zuhören.*** Hinzu kommt: Wenn Sie sofort „zurückschlagen" und die Schuld vielleicht zurückgeben oder weiter schieben, heizen Sie die Situation nur noch weiter auf.

67) Kritik als ein Zeichen der Wertschätzung

Manche Menschen gehen bei Kritik sofort in die Defensive und verteidigen sich – und können fast nicht mehr aufhören damit. Auch wenn dies eine verständliche Reaktion ist, kann das für den anderen ganz schön nervig sein. Niemand macht gerne Fehler, noch weniger mag man darauf hingewiesen werden. Es liegt nahe, dass man dann zu erklären versucht, wieso man etwas gerade auf die gewählte Weise gemacht hat, was man sich dabei gedacht hat oder warum man nicht anders konnte. Hilfreich kann es da sein, sich vor Augen zu halten, dass der Ursprung der Kritik etwas Positives ist. ***Wenn jemand Kritik äußert, dann tut er das, weil er die Hoffnung hat, sein Gegenüber könnte sich ändern.*** Hätte er die Hoffnung nicht, würde er sich die Mühe sparen und den Kontakt abbrechen. Kritik kann man also durchaus auch als Zeichen der Wertschätzung auffassen. Vergessen Sie nicht: ***Es ist menschlich, Fehler zu***

machen. Jeder Mensch hat das Recht darauf, Fehler zu machen. Manchen fällt es einfach etwas schwerer, sich dieses Recht auch zuzugestehen.

Nur aus Fehlern kann man wirklich etwas lernen. Dazu muss man sich die Fehler aber auch vor Augen führen – wer sie nur wegschiebt oder unter den Tisch kehrt, weil er nicht schuld sein „darf", der nimmt sich selbst die Möglichkeit, aus seinen Fehlern zu lernen. Nicht zuletzt stärkt es das eigene Selbstwertgefühl, wenn man in der Lage ist, die Verantwortung für sein Tun zu übernehmen.

68) Fühlen Sie sich nicht gleich angegriffen!

Betrachten Sie Einwände, wie kritische Fragen und Gegenargumente, nicht als Angriff gegen Ihre Person, sondern als Chance. Sie signalisieren, dass Ihr Gegenüber Interesse an Ihren Ausführungen hat. **Reagieren Sie deshalb positiv auf sachliche Einwände**. Lassen Sie Ihr Gegenüber ausreden und vermeiden Sie Streitgespräche. **Denken Sie daran, dass Sie im Gespräch und in der Diskussion nicht nur an der Qualität Ihrer Argumente, sondern auch an der Art und Weise, wie Sie mit Kritik und gegenteiligen Meinungen umgehen, gemessen werden.**

Finden Sie den Kern des Einwands heraus: Hat Ihr Gegenüber Sie nicht richtig verstanden? Hat er grundsätzlich eine andere Auffassung? Will er Sie provozieren? Stellen Sie Rückfragen. So gehen Sie sicher, dass Sie den Einwand richtig verstanden haben: "Verstehe ich Sie richtig, dass Sie …?" Wiederholen Sie hierbei den Einwand mit eigenen Worten. Damit gewinnen Sie zusätzlich Zeit und können überlegen.

69) Bleiben Sie ruhig bei Kritik!

Kritik ist bei uns fast ausschließlich negativ besetzt. Das ist schade, denn Kritik kann auch eine Chance ein: Wer auf einen Fehler hingewiesen wird, kann ihn erkennen und beheben bzw. beim nächsten Mal vermeiden. *Leider hören die wenigsten offen zu, wenn jemand Kritik äußert, sondern fühlen sich persönlich angegriffen.* Damit begeben sie sich aber sofort in eine Abwehrhaltung und greifen den Kritiker nicht selten gleich noch an.

Deshalb: Um sich zu bremsen, sollten Sie erst einmal tief ein- und wieder ausatmen und leise bis 10 (oder gar 20) zu zählen. Natürlich versuchen Sie dabei, so gut Sie können, zuzuhören und zu verstehen. So vermeiden Sie es, Ihrem Gegenüber ins Wort zu fallen oder gar etwas zu sagen, was Sie später bereuen.

70) Gegenangriff ist keine Lösung!

Wenn jemand Sie kritisiert, wird ein Gegenangriff Sie in der Sache nicht weiter bringen. Selbst dann nicht, wenn Sie zu Unrecht oder auch in einem falschen Ton kritisiert wurden. *Versuchen Sie, sich auf die Lösung der Situation zu konzentrieren.* Fragen Sie Ihr Gegenüber, welche Lösungsvorschläge er für das angesprochene Problem hat. Machen Sie selbst Verbesserungsvorschläge. Falls die Kritik unberechtigt ist, machen Sie Ihren Standpunkt ruhig und bestimmt deutlich. Vermeiden Sie in jedem Fall, selbst anzugreifen oder Ihr Gegenüber oder jemand anderen anzuklagen.

71) Versetzen Sie sich in die Rolle des Kritikers!

Denken Sie daran, dass für die meisten Menschen eine Situation, in der Sie Kritik aussprechen müssen, unangenehm ist – ähnlich unangenehm wie für den, der Kritik erfährt. ***Wenn Sie also ruhig zuhören und nachfragen, signalisieren Sie Ihrem Gegenüber Interesse und Kooperationsbereitschaft.*** Sie nehmen ihn ernst. Es heißt, dass Sie bereit sind, sich die Kritikpunkte anzuhören und sich mit ihnen auseinander zu setzen. Wer sein Gegenüber ernst nimmt, macht es sich und dem anderen leichter, über die Dinge zu sprechen, die tatsächlich oder vermeintlich falsch gelaufen sind.

72) Die PFALZ-Technik

Wenn Sie einen Vortrag halten oder an einer Diskussion teilnehmen, können Einwände störend wirken. *Sehen Sie Einwände jedoch als Chance, Ihren Standpunkt deutlicher zu machen und Zweifel auszuräumen.*

Um gelassen und konstruktiv mit Einwänden umgehen zu können, sollten Sie sich darauf vorbereiten. Eine Methode, wie Sie Einwände in Sympathiepunkte verwandeln, ist die PFALZ-Technik.

* Pausen machen: Machen Sie nach einem Zwischenruf oder einem Kommentar eine Pause. Bewahren Sie die Ruhe. Lassen Sie sich nicht zu einer unüberlegten Antwort hinreißen.

* Fragen stellen: Signalisieren Sie Interesse am Einwand des Zuhörers. Fragen Sie, warum er Einwände gegen das Projekt hat oder die Verbesserungsvorschläge für unrealistisch hält. Erkunden Sie sich auch, welche Vorstellungen und Wünsche er in Bezug auf das Thema hat.

* Akzeptanz zeigen: Akzeptieren Sie den Einwand. Gehen Sie der Person einen Schritt entgegen. Benutzen Sie Formulierungen wie: "Ich kann Ihre Bedenken gut verstehen." oder "Das war anfangs auch meine Befürchtung."

* Lösungen anbieten: Bieten Sie einen Ausweg an, um auf die Sachebene zurückzukehren. Erläutern Sie Ihren Vorschlag, und stellen Sie die Gemeinsamkeiten in beiden Meinungen deutlich heraus. Damit ziehen Sie die übrigen Anwesenden auf Ihre Seite.

* Zustimmung sichern: Bemühen Sie sich um die Zustimmung des Einwandgebers, damit er nicht der Verlierer dieser Situation ist. Sie vertreten andere Interessen und betrachten die Diskussion von einem anderen Standpunkt aus. Deshalb kann ich Ihre Zweifel verstehen."

73) Lassen Sie Angriffe vorbei ziehen!

Wenn Sie persönlich angegriffen werden, dann können Sie sich mit diesem Tipp helfen: *Legen Sie den Angriff vor Ihrem geistigen Auge erst einmal auf den Tisch oder den Boden.* Auch wenn sich das komisch anhört, probieren Sie es aus. Sobald der Angriff symbolisch vor Ihnen liegt, können Sie ihn in Ruhe betrachten und sich auch leichter davon distanzieren, so dass er Sie nicht mehr tief treffen kann.

Konflikte

❖ Kapitel 9: Der Umgang mit Konflikten und Problemen

74) Konflikte als wichtige Funktion

Konflikte werden oft als störend empfunden. Dabei haben sie eine wichtige Funktion für eine Gruppe oder ein Team. Konfliktforscher Gerhard Schwarz meint: Konflikte haben Sinn. ***Denn Konflikte ermöglichen Veränderung.*** Lassen Sie Konflikte zu und finden Sie gemeinsam im Team eine Lösung. Ein guter Änderungsvorschlag bringt für alle Beteiligten eine Verbesserung.

Darüber hinaus stärken Konflikte die Zusammengehörigkeit. Kehren Sie Konflikte nicht unter den Teppich, sondern diskutieren Sie die Probleme mit Ihrem Team. Ein Team, eine Abteilung, die sich zusammengerauft hat, entwickelt ein starkes Zusammengehörigkeitsgefühl.

Vergessen Sie nicht: ***Was für Chefs gilt, trifft längst auch auf die Mitarbeiter zu!*** Das Ertragen-Können von Widersprüchen wird mehr und mehr zu einer Management-„Tugend". Langfristig ist es jedoch besser, aus den Widersprüchen eine für alle tragbare Lösung zu schaffen.

75) Konzentrieren Sie sich auf Lösungen!

Oft steht man vor einem Hindernis – beruflich oder privat. Vor lauter Schreck starrt man auf das Problem und konzentriert sich so sehr darauf, dass es immer mächtiger und bald unlösbar erscheint. *Starren Sie nicht auf das Problem oder Hindernis!* Stellen Sie sich einen Stein vor, der im Weg liegt. Konzentrieren Sie sich auf den Weg, der um diesen Stein herumführt. Beschreiten Sie diesen Weg, um das Problem zu lösen.

Übrigens: Wenn Sie einmal mit dem Mountainbike unterwegs sind und auf ein Hindernis stoßen, werden Sie den realistischen Bezug dieses Tipps erkennen. Denn wenn Sie auf das Hindernis starren, werden Sie garantiert auch genau darauf zu fahren. Konzentrieren Sie sich auch hier besser auf den Weg, der um das Hindernis herumführt – *wohin Sie blicken, dort werden Sie auch hinfahren.*

76) Gehen Sie Ihre Probleme konstruktiv an!

Definieren Sie das Problem möglichst genau. Nicht immer sind die tief liegenden Gründe sofort zu erkennen. Ein Beispiel: Sie werden mit Ihrer Arbeit nicht mehr fertig. Überlegen Sie, ob sich die Qualität oder die Quantität der Arbeit erhöht hat. Vielleicht sind Sie unkonzentrierter, weil Sie dauerhaft schlecht schlafen. Im letzteren Fall bekäme das Problem einen anderen Blickwinkel.

* *Analysieren Sie*, warum sie schlecht schlafen.

* *Führen Sie hierfür ein Brainstorming durch*: Schreiben Sie jede erdenkliche Lösung auf, die Ihnen einfällt. Vermeiden Sie in dieser Phase jegliche Bewertung. Notieren Sie auch die absurdesten Vorschläge.

* *Bewerten Sie nun die einzelnen Vorschläge.* Welcher Vorschlag lässt sich am besten in die Tat umsetzen? Möglicherweise kombinieren Sie zwei Ideen miteinander.

* *Treffen Sie eine Entscheidung.* Setzen Sie diese so schnell wie möglich um.

77) Wechseln Sie die Perspektive!

Edward de Bono ist einer der führenden Lehrer für kreatives Denken. Er hat erkannt, dass wir uns beim Lösen von Aufgaben und Suchen nach Entscheidungen oft im Kreis drehen. Denn die meisten Menschen betrachten Probleme nur aus einer einzigen Perspektive. *Am besten und schnellsten lösen wir jedoch Probleme, so Edward de Bono, wenn wir sie aus 6 verschiedenen Blickwinkeln betrachten.* Edward de Bono hat dazu die "6-Hüte-Methode" entwickelt. Ausgangspunkt sind 6 Hüte in verschiedenen Farben, die jeweils einen Blickwinkel symbolisieren.

* Weißer Hut - Zahlen und Fakten: Mit dem weißen Hut betrachten Sie Ihre Aufgabe nüchtern und neutral. Sie sammeln für die Lösung Daten, Fakten und objektive Erkenntnisse.

* Roter Hut - Bauch und Gefühle: Wenn Sie den roten Hut aufhaben, lassen Sie Ihren Bauch sprechen. Hören Sie in Ihr Inneres. Was sagt Ihnen Ihr Gefühl bei der Aufgabe? Stimmt es mit den Fakten überein, die Sie mit dem weißen Hut gefunden haben?

* Schwarzer Hut - Risiko und Gefahren: Malen Sie schwarz! Denken Sie an die schlimmstmöglichen Varianten. Welche Katastrophen könnten passieren, wenn Sie sich entscheiden?

* Gelber Hut - Alles positiv: Jetzt suchen Sie nach rein positiven Aspekten: Welche Chancen gibt es? Was kommt im besten Fall bei Ihrer Entscheidung heraus?

* Grüner Hut - Fantasie und Kreativität: Lassen Sie Ihrer Fantasie freien Lauf. Spielen Sie herum, und notieren Sie sich auch vermeintlich verrückte Einfälle. Denken Sie an Lösungsmöglichkeiten, die Sie noch nie zuvor in Betracht gezogen hatten.

* Blauer Hut – 5 Hüte verbinden: Zum Schluss vergleichen Sie die Ergebnisse, die jeder "Hut-Gedanke" gebracht hat. Gibt es noch offene Fragen?

Was sind jeweils die Konsequenzen aus der Betrachtung mit den einzelnen Hüten? Und dann: ***Entscheiden und handeln Sie.***

78) Entscheidungen treffen

Vor einer Entscheidung stehen viele Fragen: Worum geht es überhaupt? Welche Ziele verfolge ich? Welche Möglichkeiten habe ich? Wenn Sie all diese Fragen geklärt haben, ist es an der Zeit, die Entscheidung zu treffen.

In einfachen Fällen müssen Sie nur die Liste mit Ihren Zielen und Anforderungen durchsehen, die Lösungsmöglichkeiten bewerten und sich dann für die entscheiden, bei der das Urteil am besten ausfällt. Oft ist aber nicht eine Option eindeutig die beste Wahl. Falls Sie dazu noch weitere Informationen brauchen, holen Sie die ein. In nicht wenigen Fällen wird eine Beurteilung erst in Zukunft wirklich möglich sein. Wenn man es genau nimmt, kann man ohnehin nie hundertprozentig sicher sein, ob die Entscheidung richtig ist. Wer sich davon lähmen lässt und das „Restrisiko" nicht auf sich nimmt, wird letztlich handlungsunfähig. Versuchen Sie, Entscheidungen nicht allein nach rein rationalen Erwägungen zu treffen. Damit schneiden Sie sich eine riesige Quelle von Wissen ab: Ihr Unterbewusstsein. Der Volksmund liegt auch nicht verkehrt mit dem Rat, ***bei wichtigen Entscheidungen erst einmal eine Nacht darüber zu schlafen.*** Denn so hat das Unterbewusste Gelegenheit, sich einzumischen. Sicher kennen Sie das auch: Sie wachen am Morgen auf und die Lösung zu dem Problem, mit dem Sie sich stundenlang herumgeplagt haben, liegt plötzlich klar vor Ihren Augen.

Und noch ein Rat: ***Schließen Sie die Angelegenheit ab. Wenn Sie sich einmal entschieden haben, lassen Sie es dabei, und stellen Sie Ihre Entscheidung nicht immer wieder in Frage.***

79) Was Sie tun können, wenn Sie nicht fristgerecht fertig sind

Sie müssen heute Ihr Konzept beim Kunden präsentieren. Sie können es aber nicht fristgerecht vorlegen, weil die Software immer abstürzt, Sie vergessen haben, eine Sicherungskopie anzulegen und deshalb alles noch einmal schreiben mussten. Während der Fahrt zum Kunden, haben Sie gar keine Zeit, sich auf das Gespräch vorzubereiten, weil Sie sich die ganze Zeit den Kopf über die plausibelste Ausrede zerbrechen. Kaum sind Sie beim Kunden angekommen, sprudeln die Erklärungen für Ihr Missgeschick nur so aus Ihnen heraus.

Sparen Sie sich das lieber. *Es interessiert sich niemand für die Gründe, warum Sie das Konzept nicht fristgerecht abgeben können. Es reicht, wenn Sie sich entschuldigen und eine (nicht zwei oder drei) Erklärung abgeben.* Falls Sie ohnehin öfter mal Termine nicht einhalten, nimmt Ihnen sowieso keiner die Ausreden ab. Es passiert immer wieder einmal, dass man Abgabetermine nicht einhalten kann, etwas verpatzt oder ein Produkt nicht so funktioniert wie vereinbart. Das ist ärgerlich. Aber noch ärgerlicher ist es, wenn Sie andere auch noch mit Ihren Rechtfertigungen nerven. *Statt nun über die beste Ausrede nachzudenken, seien Sie lieber ehrlich und geben Sie das Missgeschick zu.* Überlegen Sie sich vorher gute Lösungsvorschläge, die Sie dann bei dieser Gelegenheit präsentieren. *Stellen Sie einen Vorschlag mit maximal einer Alternative zur Diskussion.* Vereinfachen Sie Ihrem Gegenüber die Entscheidungsfindung, indem Sie begründen, warum Sie sich für diese Lösung entschieden haben. Lassen Sie ihm aber die Möglichkeit, sich für die, ihm besser erscheinende Lösung zu entscheiden. Sie werden sehen, das Missgeschick wiegt dann nur noch halb so schwer.

80) So erkennen Sie, welche Art von Problem vorliegt.

In der genauen Problembeschreibung selbst liegt oft schon der Schlüssel zur Lösung.

* *Stellen Sie das Problem,* das Sie zu lösen haben, so klar und deutlich wie möglich schriftlich dar.

* *Zerlegen Sie die Aufgabe* in so viele Teile, wie zur Lösung notwendig ist.

* *Ordnen Sie* die Teilaufgaben nach ihren inhaltlichen und zeitlichen Kriterien.

* *Erledigen Sie* alle Punkte vollständig. Setzen Sie diese zur Gesamtlösung zusammen.

81) Trainieren Sie das Streiten!

Streitgespräche können Sie im Alltag nicht immer verhindern, aber Sie können vorbereitet sein. Schlagfertige Erwiderungen zum Beispiel müssen keineswegs erst in der Situation entwickelt werden. Im Gegenteil: Wenn Sie häufiger in Streitgespräche verwickelt sind, sollten Sie sich ein Repertoire an möglichen Antworten zulegen. So können Sie besser auf Streitgespräche eingehen und sie vielleicht sogar schon im Keim ersticken.

Bereiten Sie sich gründlich vor, bevor Sie für eine Veranstaltung zusagen, bei der Streitgespräche entstehen könnten.

* *Überlegen Sie,* welche Fragen und Einwände kommen könnten.

* *Legen Sie sich* für die Streitgespräche die entsprechenden Gegenargumente zu Recht.

* *Bauen Sie ein Archiv* mit Einwänden und Argumenten auf: Schreiben Sie zu jedem Punkt einen Einwand auf eine Karteikarte. Denken Sie sich mehrere Antworten dazu aus und lernen Sie diese Erwiderungen auswendig.

82) Stehen Sie zu Ihren Fehlern!

Niemand ist vollkommen. Es ist menschlich, Fehler zu machen – entscheidend ist jedoch der Umgang mit den eigenen Fehlern. *Wenn Sie lernen, zu Ihren Fehlern zu stehen, werden Sie schnell merken, dass diese Eigenschaft von Ihren Mitarbeitern und Kollegen anerkannt wird.* Sagen Sie sich immer wieder "Ich stehe zu meinen Fehlern!" oder: "Ich lerne aus meinen Fehlern!" – bis Sie in der Lage sind, jeden Ihrer Fehler als Lern-Chance anzusehen. Vielleicht kennen Sie den Spruch: "Probleme sind zum Lösen da!" Ähnlich könnten wir sagen: *Fehler sind zum Lernen da!*

83) Sehen Sie das Positive im Negativen!

Sehen Sie auch die guten Seiten! Sehen Sie in Krisen und negativen Ereignissen auch die positiven Seiten. Beunruhigen Sie sich nicht schon vorher über mögliche Stresssituationen, sondern stellen Sie bedrohlichen Ereignissen lohnende Ziele und positive Ereignisse gegenüber. *Sehen Sie das Leben nicht als eine überwiegend ernste und schwere Sache an, sondern freuen Sie sich so oft wie möglich am Leben überhaupt.* Abgesehen davon, dass Sie so eine Lebenshaltung auf Dauer nur belastet – sie färbt auch auf Ihre Umgebung ab!

84) Nehmen Sie es mit Humor!

Leider reagieren viele Chefs auf lachende Mitarbeiter mit Misstrauen, da sie nicht glauben, dass man auch mit einem Lachen seine Arbeit erledigen kann. Dabei tragen Freude und Humor ganz wesentlich zum Wohlbefinden bei. Menschen, die über sich selbst lachen können, gehen mit Problemen viel leichter um und finden schnell neue Energien, bei Schwierigkeiten weiterzumachen. Wer jedoch Angst davor haben muss, einen Fehler zu machen, weil er strikte Sanktionen von seinem Chef befürchtet, quält sich viel länger als nötig mit Problemen herum.

Versuchen Sie, andere immer wieder dazu zu ermutigen, die lustige Seite an einer Sache zu sehen. Lachen Sie gemeinsam über ein Missgeschick und packen Sie dann die Lösung an.

85) Lernen Sie Demut!

Wer immer nur an sich selbst denkt, nimmt sich die Chance, Glück mit anderen zu teilen. Sie kennen bestimmt das Sprichwort „Jeder ist sich selbst der nächste." Die westliche Kultur bestärkt das Individuum darin, seine eigenen Ziele zu verfolgen. Das ist grundsätzlich positiv, kann jedoch in vielen Situationen zu einer Verhärtung der Fronten führen. Wenn mal nicht alles so läuft, wie Sie es sich vorgestellt haben – halten Sie sich die Ziele vor Augen, die Sie bereits erreicht haben! Denken Sie an Rensten Gadiimaa in der Mongolei, eine Nomadenfrau. Wir haben sie gefragt, was ihr größter Wunsch wäre. Sie lachte uns mit schneeweißen Zähnen an. „Einmal im Leben in einem Restaurant essen."

86) Es gibt keine Probleme, es gibt nur Entscheidungen.
(Man Ray)

Nun wird der eine oder andere sagen „So ein Quatsch – natürlich gibt es Probleme." Das ist richtig. Dieses Zitat spricht vielmehr den Umgang mit Problemen an. Wer sich auf seine Probleme fixiert und den Großteil seiner Zeit damit verbringt, über seine Probleme zu grübeln, löst sie nicht, sondern schiebt sie nur vor sich her. Grübeln Sie nicht über Ihre Probleme – denken Sie über die Lösung nach! Jede Minute, die wir über unsere Probleme grübeln, vergeuden wir, statt die Zeit für Lösungen zu nutzen. Sicher, es gibt nicht für alle Probleme eine sofortige Lösung – *jedoch können Sie selbst jederzeit entscheiden, ob Sie sich zum Opfer des Problems machen oder aktiv werden und alles tun, um das Problem zu lösen!*

❖ Kapitel 10: Umgang mit Mitarbeitern und Kollegen

87) Führen ist Lernen!

Machen Sie sich bewusst, dass es eine Ehre ist, die Aufgabe des Führens und Bildens zu übernehmen. Führen kann man nicht lernen. Führen ist Lernen. Richten Sie nicht über andere! *Stärken Sie andere Menschen in dem, was sie können und ermuntern Sie Ihre Mitarbeiter dazu, auch Neues zu wagen.* Vielleicht gibt es in Ihrem Betrieb einen älteren Mitarbeiter, der sich nicht mit den neuen Medien auskennt und lieber die ganze Kollegenschaft um Rat fragt, als zu Ihnen zu gehen – aus Angst davor, Sie könnten ihn für unfähig oder dumm halten. Gehen Sie auf ihn zu und fragen Sie ihn, wie Sie ihm helfen können. Erwähnen Sie, dass Sie sehr viel von ihm halten und dass Sie aus diesem Grunde daran interessiert sind, ihn weiterzubilden.

88) Lassen Sie Vorschläge zu – von allen Mitarbeitern!

Bauen Sie ein Vorschlagswesen inkl. Belohnungsprogramm auf, um alle Möglichkeiten der Verbesserung und die Identifikation mit dem Betrieb zu fördern. Manchmal weiß der Mitarbeiter im Lager besser, was und wie einzusparen ist, als die Stabsstelle.

89) Sie sind für die Bildung Ihrer Mitarbeiter verantwortlich!

Halten Sie mit Ihren Mitarbeitern Jahres-Mitarbeitergespräche ab, in denen individuelle Ziele vereinbart werden und auch fachfremde Qualifikationen eine Rolle spielen, die in einem anderen Job-Kontext eventuell mehr Bedeutung hätten. So bilden Sie einen „Wissenspool" Ihrer Mitarbeiter und haben bei späteren Problemen die richtigen Ansprechpartner für die Lösung!

90) Weiterbildung ist essentiell!

Lassen Sie zu, dass sich Ihre Mitarbeiter weiterbilden und weiterentwickeln. Sie sollten immer offen dafür sein, wenn jemand auf Sie mit der Bitte zukommt, eine Zusatzausbildung oder eine Schulung zu machen. Natürlich entstehen durch solche Aktionen finanzielle Kosten und vielleicht auch zeitliche Engpässe. Vergessen Sie jedoch nicht, dass Sie in das Potential Ihres Unternehmens bzw. Teams investieren. *Schließlich sprechen qualifizierte Mitarbeiter für die Qualifikation Ihres Unternehmens – und damit letztendlich für Ihre eigene!* Überlegen Sie gemeinsam, wie sich der Entwicklungswunsch der betreffenden Person realisieren lässt. Manchmal stehen Wege offen, die gar nicht viel kosten, sondern nur Ihre Bereitschaft erfordern. Fragen Sie regelmäßig auch von sich aus nach, ob einer Ihrer Mitarbeiter oder ob ein Teammitglied zusätzliche Fähigkeiten oder weiterführendes Wissen braucht, um besser und effektiver arbeiten zu können. Weiterentwicklung ist etwas Gutes!

91) Wie man in den Wald hineinruft...

so schallt es auch zurück! Dieses alte Sprichwort sollte zu einem Ihrer Prinzipien werden, wenn Sie erfolgreich und langfristig für ein gutes Arbeitsklima sorgen möchten. Ein Beispiel: Ein Chef, der mit seinen Mitarbeitern nur spricht, wenn er sie kritisieren möchte, muss sich nicht wundern, wenn seine Mitarbeiter ihn meiden. Diese Umgangsform schafft eine Atmosphäre voller Misstrauen, in der die meisten eher damit beschäftigt sind, ihre Fehler zu vertuschen, anstatt nach einer Lösung zu suchen. Machen Sie sich klar, was Sie von Ihren Mitarbeitern erwarten! Loyalität? Leistung? Freude an der Arbeit? Dann geben Sie ihnen auch genau das!

92) Seien Sie herzlich!

Haben Sie Mut zum herzlichen Miteinander! Ein Chef, der nicht nur freundlich zu seinen Mitarbeitern ist, sondern sich merkt, dass das Kind von Kollegin X krank war und anteilnehmend nachfragt, genießt etwas, das viel wichtiger ist als der fachliche Respekt – die Anerkennung als herzlicher Mensch.

Vergessen Sie nie, dass Sie noch so fachlich qualifiziert sein können in Ihrem Job – ohne Herzlichkeit erreichen Sie keine Menschen!

93) Seien Sie ein Vorbild!

Verlangen Sie nichts von Ihren Mitarbeitern, das Sie selbst nicht tun! Wenn Sie sich beispielsweise darüber aufregen, dass einige Mitarbeiter wieder mal die Mittagspause überzogen haben, denken Sie zuerst daran, ob Sie mit gutem Beispiel vorangehen. Wenn Sie feststellen, dass Sie selbst dazu neigen, statt einer Stunde zwei Stunden in der Kantine zu verbringen, ändern Sie ihr Verhalten. Wenn Sie selbst feststellen, dass Sie morgens zu den Spätkommern gehören, ändern Sie Ihr Verhalten. Sie werden merken, dass sich Ihre Mitarbeiter ein Beispiel an Ihnen nehmen. Seien Sie ein Leuchtturm, ein Orientierungspunkt.

94) Die Vereinbarungs-Kultur – So spielt das ganze Orchester!

„Die Kunst besteht in der Fähigkeit, jeden Mitarbeiter als unternehmerisch denkenden und fühlenden Menschen zu verstehen und zu behandeln. Die Steuerung erfolgt im Dialog über Vereinbarungen (über Ziele, Werte, Strategie, Maßnahmen ...). In einer «Vereinbarungs-Kultur» - statt Anordnungs- und Befehlsstruktur - werden die Erfolgsfaktoren wie Commitment, Risikobereitschaft und Exzellenz bei jedem Mitarbeiter gefordert und gefördert. So spielt das ganze Orchester mit Herz und Verstand. Commitment bedeutet: mit 100% Hingabe das zu tun, was man tut. Commitment hat nichts damit zu tun, ein Workaholic zu sein, ein Arbeitswütiger, der zwanghaft arbeitet aus der Flucht vor sich selbst oder seiner Familie. Commitment ist eine Einstellung und Geisteshaltung von Klarheit und Entschiedenheit, die jeweilige Tätigkeit mit Begeisterung und Freude zu erledigen oder - wenn das nicht mehr möglich ist, sie eben aktiv zu verändern." (Christo Quiske)

95) Finden Sie Ihren eigenen Stil!

Sein Sie mutig, eigene Wege zu gehen, unabhängig zu bleiben und dennoch vernetzt zu sein. Erlauben Sie dies auch Ihren Mitarbeitern und bestärken Sie sie darin. Unterstützen und fördern Sie Ihre Mitarbeiter, eigene Ideen zu entwickeln. Achten Sie dabei darauf, dass Sie regelmäßig den Kontakt zu Ihren Mitarbeitern suchen, um zu hören, wie es läuft – und nicht, um zu kontrollieren!

96) Bilden Sie eine Mannschaft mit Ihren Mitarbeitern!

Eine gut funktionierende Gemeinschaft in einem Betrieb ist wie eine gute Mannschaft im Sport:

* *Alle Mitspieler* haben ein klares und eindeutiges Ziel vor Augen und sie wollen bzw. können dieses Ziel nur gemeinsam erreichen.

* *Die Regeln sind klar* und jedem bekannt.

* *Das zu erreichende Ziel* stellt eine Herausforderung dar, ist aber erreichbar.

* *Alle Mitspieler* erhalten augenblicklich und kontinuierlich Feedback über ihre Leistung.

* *Es kommt auf das Team* als Ganzes, aber gleichzeitig auch auf jeden einzelnen an.

* *Das Spiel spricht* eine breite Palette von Fähigkeiten und Sinnen an.

* *Es steht nicht nur* das Ziel, sondern vor allem auch die Freude am Spiel im Vordergrund.

97) Kontrolle ist nichts – Vertrauen ist alles!

Mitarbeiter dürfen grundsätzlich keine Angst vor Bespitzelung und Sanktionen haben. Sorgen Sie dafür, dass in Ihrem Betrieb eine offene und vertrauensvolle Atmosphäre herrscht, in der niemand Angst haben muss, etwas falsch zu machen. Natürlich sind Fehler ärgerlich, vor allem, wenn sie zu finanziellen Engpässen führen oder die rechtzeitige Abgabe eines Projektes verhindern. Trotzdem – rufen Sie sich ins Gedächtnis, dass Fehler, die gemacht worden sind, nicht mehr verhindert werden können. Es ist reine Zeitverschwendung! Daher ist es auch so wichtig, dass Sie für eine vertrauensvolle Atmosphäre sorgen. Denn so schaffen Sie die Voraussetzungen dafür, dass Ihre Mitarbeiter sofort zu Ihnen kommen, falls etwas schief läuft. Dadurch gewinnen Sie sehr viel Zeit, die Sie in die Lösung des Problems investieren können!

98) Akzeptieren Sie Stärken und Schwächen!

Nehmen Sie sich selbst und andere mit allen Stärken und Schwächen an! Mit Stärken tun wir uns selten schwer, schließlich verhelfen sie zu guten Leistungen. Genau so wichtig ist auch die Akzeptanz von Schwächen. Fangen Sie bei sich an und überlegen Sie, welche Schwächen Ihnen einfallen. *Seien Sie ehrlich zu sich selbst!* Notieren Sie Ihre Schwächen auf einem Blatt Papier in einer linken Spalte. Schreiben Sie in die rechte Spalte, welche Stärken Sie besitzen. Wiederholen Sie das Ganze mit anderen Menschen. Sie werden sehen – auch wenn der jeweilige Umgang vielleicht anders sein mag, so groß sind die Unterschiede gar nicht!

99) Setzen Sie klare Grenzen!

Setzen Sie Grenzen und fordern Sie ein, dass andere sich an diese halten und sie respektieren. Achten Sie umgekehrt ebenso die Grenzen Ihrer Mitmenschen. Grenzüberschreitungen können durch Unwissenheit mal geschehen. Wenn sie jedoch bewusst, permanent und über einen längeren Zeitraum betrieben werden, liegt der Verdacht nahe, dass es sich hierbei um Machtmissbrauch handelt. Manche Fälle von Mobbing beginnen auf diese Weise und führen zu einer extremen Belastung des Arbeitsklimas. Als Führungskraft sollten Sie besonders darauf achten, dass Sie die Grenzen Ihrer Mitarbeiter nicht überschreiten. Beobachten Sie sich selbst einmal im Arbeitsalltag: Stecken Sie Ihren Mitarbeitern oft Arbeiten in der Mittagspause zu? Wenn ja, dann hören Sie auf damit! Die Mittagspause ist zum Erholen da. Genau so, wie Sie ein Recht auf Pause haben, sollten Sie Ihren Mitarbeitern auch ihre Pause lassen!

100) Werden Sie aktiv gegen Mobbing!

Wenn Sie Mobbing-Handlungen oder anderen Machtmissbrauch beobachten, dann suchen Sie zuerst Unterstützung in Ihrem Kollegenkreis. Reden Sie miteinander über die Vorfälle und zeigen Sie Ihre Bereitschaft, bei konstruktiven Lösungen mitzuhelfen. So tragen Sie bereits zur Entspannung des Betriebsklimas bei und erhöhen gleichzeitig die Lösungschancen des Konflikts. Wenn sich die Situation trotzdem nicht bessert, dann wenden Sie sich an Ihre vorgesetzte Person oder an die Leitung der Personalabteilung.

101) Zeigen Sie Interesse an Ihren Mitarbeitern!

Interessieren Sie sich nachhaltig für Ihre Mitarbeiter. Das betrifft nicht nur Geburtstage, sondern auch Hobbys, Leidenschaften und Familie. Wenn Sie nicht zu den Ausnahmeerscheinungen gehören, die sich alle Namen und Geburtstage merken können, nehmen Sie Ihren Kalender zu Hilfe. Tragen Sie die Geburtstage Ihrer Mitarbeiter für das kommende Jahr in Ihren Kalender. Es ist nichts dabei, wenn Sie auch Namen von Frau und Kindern oder Hobbys eintragen – niemand kann sich alles merken. Umso größer wird die Freude Ihrer Mitarbeiter sein, wenn Sie ihnen ein kleines persönliches Geschenk zum Geburtstag machen, das zeigt, wie gut Sie zugehört haben.

Vergessen Sie nicht: ***Ihr Interesse signalisiert Ihren Mitarbeitern, dass sie als ganze Persönlichkeiten wahrgenommen werden – von Ihnen!***

102) Wir sind alle Engel mit nur einem Flügel, um fliegen zu können, müssen wir uns umarmen. (Luciano de Crescenzo)

In so gut wie jedem Bewerbungsgespräch taucht der Begriff „Teamfähigkeit"
auf. Ob im Berufsalltag oder im Privatleben – wer gerne mit anderen arbeitet
oder etwas unternimmt, nutzt die wunderbare Kraft der Gemeinschaft. Vielleicht
denken Sie „Aber ich bin anders als die anderen..." Das trifft
höchstwahrscheinlich zu – schließlich ist jeder Mensch besonders und einzigartig.
Es sollte Ihnen jedoch nicht die Chance nehmen, es einmal gemeinsam zu
versuchen. Vielleicht gibt es in Ihrem Betrieb ein paar Kollegen, die Sie nicht
sonderlich mögen. Auch das ist nicht weiter schlimm, es ist schlichtweg
menschlich. Wenn Sie mit diesen Kollegen zusammen arbeiten müssen oder
sollen, dann sehen Sie über ihre Schwächen hinweg. Erkennen Sie das Potenzial
Ihrer Kollegen an, die etwas auf einem bestimmten Gebiet können, das Sie nicht
perfekt beherrschen. Nur als Team können Sie auf allen Gebieten kompetent
sein!

103) Bringen Sie mehr Liebe ins Business! (Traumfirma.de)

Was sich auf den ersten Blick etwas merkwürdig anhört, basiert auf dem Buch
der Bücher – der Bibel. Dort heißt es „Liebe deinen Nächsten wie dich selbst!"
Dieser einfache Satz besitzt ein großes Potenzial, nämlich das der wahren
Veränderung. Um die Kraft dieses Satzes zu verdeutlichen, hier ein Beispiel aus
der Praxis: Sie sind verärgert. Mal wieder hat Ihr Partner Sie hängen gelassen.
Statt pünktlich seinen Teil der Präsentation zu liefern, ist er wieder mal viel zu
spät dran. Um den Auftraggeber nicht zu verärgern, haben Sie ihn angerufen,
sich vielmals für die Verspätung entschuldigt und versichert, dass dies nicht
noch einmal vorkommen wird. Sie haben den Hörer aufgelegt und sind drauf
und dran, in das Büro Ihres Partners zu stürmen, um ihm die Meinung zu
geigen. Tun Sie es nicht! Aus der Wut entstehen schnell hitzige Situationen, die

das Problem nur verstärken, statt es zu lösen. Lassen Sie Ihren Partner seine Arbeit zuerst beenden. Danach können Sie immer noch in sein Büro gehen. Statt ihn mit Vorwürfen zu überhäufen, versuchen Sie, ruhig zu bleiben. Denken Sie daran – auch Ihr Partner ist nur ein Mensch, der mal etwas falsch machen kann. Fragen Sie ihn, warum er Sie hängen lassen hat. Sagen Sie ihm, wie Sie sich fühlen – verzichten Sie auch hier auf Vorwürfe. Beschreiben Sie, was in Ihnen in den letzten Stunden vorgegangen ist, wie Sie sich gefühlt haben, als Sie Ihren Auftraggeber angerufen haben. Sie könnten beispielsweise sagen „Ich habe jetzt wirklich Angst um unser Unternehmen. Was ist, wenn der Auftraggeber uns nie wieder einen Auftrag geben wird? Wie soll ich die ganzen Schulden abbezahlen? War dir das alles bewusst, als du aus dem Grund XY nicht daran gedacht hast, deinen Teil der Präsentation fertig zu machen?" Wahrscheinlich war das Ihrem Partner nicht bewusst. Menschen auf Fehler und Schwächen hinzuweisen ist eine äußerst schwierige Aufgabe. Gehen Sie es mit Nächstenliebe an. Sie werden merken, dass Sie damit mehr erreichen als mit einem Wutausbruch oder Vorwürfen.

104) Wer sich nicht selbst kennt, weiß gar nichts. (Cicero)

Viele Chefs, die sich selbst als gute Chefs bezeichnen würden, wundern sich über ihre undankbaren Mitarbeiter, die über die schlechte Bezahlung, die Arbeitszeiten oder das Kantinenessen jammern. Geht es Ihnen auch so? Dann wird es höchste Zeit, dass Sie sich fragen, wie gut Sie sich selbst und Ihre Mitarbeiter kennen. Vielleicht ist das Kantinenessen tatsächlich eine Zumutung – und Sie wissen nichts davon, weil Sie Ihre Mittagspause beim Italiener um die Ecke verbringen. Ebenso können die Punkte Bezahlung und Arbeitzeit zutreffen. Versuchen Sie, sich in Ihre Mitarbeiter hineinzuversetzen. Wie würden Sie sich fühlen, wenn Sie acht Stunden am Tag arbeiten, häufig Überstunden schieben – und sehen, dass Ihr Chef morgens eine Stunde später als Sie selbst kommt und abends eine Stunde früher als Sie geht? Würden Sie nicht auch jammern, wenn

Ihr Gehalt gerade so zum Überleben reicht, während Ihr Chef alle paar Monate mit einem neuen Firmenwagen ankommt? Sorgen Sie als Chef dafür, dass Ihre Mitarbeiter zufrieden sind. Streichen Sie nicht den Weihnachtsbonus mit der Begründung, das ganze Unternehmen müsste sparen, wenn Sie sich selbst einen neuen Firmenwagen leisten. Vergessen Sie nie: ***Zufriedene Mitarbeiter sind loyal, kommen gerne zur Arbeit und bringen sich mit Ideen ein, von denen Sie profitieren!***

Handeln!

❖ Kapitel 11: Handeln Sie!

105) Erfolg als Summe richtiger Handlungen

Erfolg ist kein Ziel, sondern ein Ergebnis richtiger Handlungen.

Lassen Sie diesen Satz in sich wirken, denn in ihm steckt keine graue Theorie, sondern die Aufforderung zum Handeln selbst! Viele Menschen möchten gerne erfolgreich sein und arbeiten an Plänen, mit denen sie ihr Ziel zu erreichen hoffen. Das ist sicherlich nicht falsch, jedoch gibt es unzählige Situationen, die ein schnelles Handeln erfordern. Es ist nie verkehrt, die Für und Wider abzuwägen – jedoch sollten Sie nicht zu viel Zeit darauf verwenden, die „perfekte" Lösung finden zu wollen. Unter Umständen lassen Sie zu viel Zeit verstreichen, bis Sie aktiv werden – und jemand anderer kommt Ihnen zuvor. Geben Sie sich daher selbst immer eine Deadline, einen festen Termin, an dem Sie zur Tat schreiten!

106) Werden Sie selbst aktiv! Das Wie-statt-Wenn-Prinzip

Wenn Sie mehr Erfolg haben wollen - sei es im privaten oder geschäftlichen Leben – sollten Sie das Wörtchen "Wenn" aus Ihrem Wortschatz streichen und es durch ein "Wie" ersetzen. Statt zu denken "Wenn ich mehr Glück gehabt hätte, dann wäre ich jetzt Abteilungsdirektor", stellen Sie sich lieber die Frage "Wie werde ich Abteilungsdirektor?". Statt zu denken "Wenn mich doch nur der Chef endlich befördern würde", fragen Sie sich lieber "Wie kann ich die Geschäftsleitung von meinen Fähigkeiten überzeugen?".

Ein weiteres Beispiel: Ersetzen Sie "Wenn mich doch nur sie/er endlich ansprechen würde" durch "Wie kann ich sie/ihn am besten ansprechen?".

Ein Kennzeichen erfolgreicher Menschen ist, dass sie nicht über verpasste Chancen jammern oder sich über mangelndes Glück beschweren. Stattdessen gehen sie die Sache aktiv an und versuchen ihre Chancen durch Nachdenken und sofortiges Handeln zu ändern.

107) Überlassen Sie sich nicht dem Schicksal!

Übernehmen Sie Verantwortung für sich selbst! Sehen Sie Stress als Herausforderung an, statt sich selbst zu bemitleiden. Betrachten Sie sich nicht als "Gefangenen Ihres Schicksals". Bejahen Sie den Stress, denn Leben und Leistung sind ohne Stress nicht möglich. Vor dem Stress zu flüchten ist keine Stressbewältigung, sondern führt eher zu neuem Stress. Akzeptieren Sie nicht widerstandslos Stresssituationen, sondern versuchen Sie, Dis-Stress aktiv umzugestalten. *Der größte Teil der negativ empfunden Stresssituationen ist selbst verursacht.* Akzeptieren Sie aber auch für bestimmte Zeitabschnitte den herausfordernden aktiven und kreativen Stress!

108) Erfolg ist kein Ziel, sondern das Ergebnis konsequenten Handelns.

Erfolgreiche Menschen handeln konsequent. Wer Erfolg haben möchte, sollte sich klar machen, was er dafür tun muss. Überlegen Sie, was Sie von Ihren Mitarbeitern erwarten. Pünktlichkeit? Zuverlässigkeit? Engagement? Nun, diese Eigenschaften sollten auch Sie als Geschäftsmann ausmachen, wenn Sie langfristigen Erfolg haben möchten! *Machen Sie sich bewusst, dass Sie von Ihrer Umgebung vor allem durch Ihr Handeln wahrgenommen werden.* Niemand kann Ihre noch so genialen Gedanken lesen – artikulieren Sie sich! Zeigen Sie Engagement, indem Sie Ihre Ideen präsentieren. Das gilt auch für den Alltag. Wenn Sie als Chef Regeln aufstellen für Ihre Mitarbeiter, dann sollten Sie ein Vorbild sein und diese Regeln nicht nur erfüllen, sondern leben.

109) Nutzen Sie Wissensmanagement!

Das Ziel des Wissensmanagements ist es, vorhandenes Wissen greifbar und nutzbar zu machen. Dadurch hat Ihr Unternehmen viele Vorteile. Durch den Austausch des vorhandenen Wissens wächst der Kenntnisstand aller Mitarbeiter und wird stetig erweitert. Sie haben so unter Umständen der Konkurrenz entscheidende Informationen voraus. Darüber hinaus können Sie vermeiden, die gleichen Fehler immer wieder zu machen.

Neue Trends und Entwicklungen werden eher erkannt und so können Sie entsprechend schneller darauf reagieren. Auf der Basis des Wissens können innovative Produkte, Serviceleistungen und andere Angebote entwickelt werden. Ihre Mitarbeiter profitieren selbst vom Wissensmanagement und können Wertschätzung für ihr Know-how erfahren. Dadurch sind sie motivierter und Ihrem Unternehmen gegenüber loyal.

110) It takes art, to make a company great. (Rockefeller)

Wollen Sie aus Ihrem guten Unternehmen ein ganz besonderes Unternehmen machen? Dann kommen Sie um Kunst nicht herum. Damit sind nicht nur Kunstwerke gemeint, die die Wände Ihrer Firma schmücken. Es geht vor allem um den Gesamtauftritt Ihres Unternehmens. Machen Sie sich klar, welches Image Ihre Firma nach außen hin wieder spiegeln soll. Wollen Sie als jung, dynamisch und innovativ gelten? Dann sollte sich das auch in Ihrem Firmenlogo wieder spiegeln. Ebenso spielt der Ort eine Rolle, die Architektur Ihres Gebäudes sowie die Inneneinrichtung Ihrer Firma. Darüber hinaus verschaffen Sie sich ein gutes Image, wenn Sie kulturelle Projekte fördern. Wer sich für Kunst und Kultur interessiert und dies durch konkrete Aktionen wie Sponsoring zeigt, gilt gleichzeitig als kultiviert im Umgang mit Menschen. *Diese Haltung öffnet Türen!*

Und nicht zu guter Letzt:

111) Seid freundlich und redet miteinander!

❖ Nachwort

Natürlich ersetzen diese Tipps keine professionelle Consulting-Arbeit, Mediation oder Coaching. Bei tiefer liegenden Problemen sollten Sie immer Beratungsstellen aufsuchen oder professionelle Hilfe von Beratern oder Trainern in Anspruch nehmen. Am schwierigsten ist aber die Disziplin, die guten Vorsätze zu halten, jeden Tag, in jeder Situation. Es wird nicht immer gelingen, doch je öfter Sie es versuchen, desto mehr wird es funktionieren und in Ihrer Umgebung Früchte tragen. Sorgen Sie auch für Rituale und Erinnerungen an diese „Leitsätze". Geben Sie jedem Tag oder jeder Woche ein bestimmtes Motto, welches Thema Sie anpacken möchten. Kein Leitsatz ist so wichtig wie dieser.

Als kleine abschließende Geschichte möchte ich Ihnen die zwei umtriebigen Dorfburschen Karl und Luggi vorstellen. Diese wollten endlich einmal das große, schlaue, allwissende Orakel, das in einem nebelverhangenen Bergmassiv wohnte, „ausschmieren". Karl hatte dafür folgende Idee und meinte: „Wir gehen jetzt hinauf zum Orakel. Ich nehme einen kleinen Kanarienvogel in meine große Hand. Wenn wir beim Orakel sind, fragen wir, ob der Vogel in meiner Hand tot ist oder lebt. Sagt das Orakel 'Der Vogel lebt', drücke ich unmerklich meine Faust zu und werfe dann dem Orakel den toten Vogel vor die Füße. Sagt aber das Orakel 'Der Vogel ist tot', öffne ich meine Hand und lasse den Vogel davonfliegen". Luggi war ganz begeistert von dieser Idee, und beide stapften los. Als sie in der Nähe des Orakels waren, riefen sie in den Nebel hinein: „Liebes Orakel, du weißt doch immer alles. Sag uns doch, ob der Vogel in unserer Hand tot oder lebendig ist?" Das Orakel überlegte kurz, antwortete dann mit einer tiefen Bassstimme: „Ob der Vogel tot oder lebendig ist, liegt ganz in eurer Hand!" und verschwand wieder.

Genauso ist es mit allem im Leben... Ob es totes Wissen bleibt oder ob damit lebendig gearbeitet wird, liegt ganz in Ihrer Hand!*

Quellenverzeichnis:

Bilgri, Anselm: Stundenbuch eines weltlichen Mönchs, PIPER 2006

*Donnert, Rudolf: Soziale Kompetenz, Lexika Verlag Würzburg 2003

Loeb, Marshall und Kindel, Stephen: Erfolgreich führen für Dummies, WILEY-VCH 2002

Paulus, Georg: Traumfirma, Danke-Verlag, Holzkirchen 2002

Rosenstiel, Lutz von: Betriebsklima geht jeden an, Ed. vom Staatsministerium für Arbeit u. Sozialordnung, München 1983

Dziarnowski, Lutz und Schütze, Stephan: Erfolgsfaktor Arbeitsklima, EUL-Verlag, Lohmar 2007

Eigene Quellen.
www.betriebsklima.de
www.sterling-macgregor.de

Alle Fotos sind aus der Serie fotointer.net der Otto Kasper Studios. Datiert sind die Bilder von der Wende des 19. zum 20. Jahrhundert, über die „Goldenen Zwanziger" bis in die frühen 60er Jahre.